Alwin Oppel

Das Getreide und die Kartoffel in ihrer gegenwärtigen Bedeutung

für das Völkerleben und die Weltwirtschaft

Alwin Oppel

Das Getreide und die Kartoffel in ihrer gegenwärtigen Bedeutung *für das Völkerleben und die Weltwirtschaft*

ISBN/EAN: 9783743477643

Hergestellt in Europa, USA, Kanada, Australien, Japan

Cover: Foto ©Suzi / pixelio.de

Weitere Bücher finden Sie auf **www.hansebooks.com**

Das Getreide

und

die Kartoffel

in ihrer gegenwärtigen Bedeutung für das Völkerleben und die Weltwirtschaft

übersichtlich dargestellt

von

Dr. Alwin Oppel.

Bremen.
Druck und Verlag von Max Nößler.
1892.

Inhaltsverzeichnis.

		Seite
Erster Abschnitt:	Die Stellung des Getreides in der Ernährung der Menschheit.	1
Zweiter Abschnitt:	Anbauflächen, Produktionsmengen und Werte der Getreidearten und ihrer Ersatzstoffe	9
	1. Der Weizen	9
	2. Der Roggen	28
	3. Der Mais	34
	4. Die Gerste	38
	5. Der Hafer	42
	6. Buchweizen und Hirse	45
	7. Übersichten über die Getreidearten .	47
	8. Die Kartoffel	49
	9. Vergleichende Zusammenstellung über das Getreide und die Kartoffel . .	52
Dritter Abschnitt:	Der Verbrauch an Getreide und Kartoffeln . .	58
Vierter Abschnitt:	Der Handel mit Getreide, Mehl und Kartoffeln	65
Fünfter Abschnitt:	Die Zukunft des Getreidebaues	79

Erster Abschnitt.

Die Stellung des Getreides in der Ernährung der Menschheit.

Die Notwendigkeit der Ernährung ist eine der Grundbedingungen für das Dasein des Menschen. Daher haben die Bemühungen um die Beschaffung der erforderlichen Nahrungsstoffe zu allen Zeiten den größeren Teil des Sinnens und Trachtens der Völker ausgemacht und werden, so lange die Welt besteht, voraussichtlich nichts von dieser höchst wichtigen Rolle verlieren. Diese nimmt jedoch je nach dem Wohlstande und der Kulturstufe der Völker wie der Einzelmenschen einen verschiedenen Stärkegrad an. Je tiefer ein Volk in seiner Gesamtentwickelung steht, oder je ärmer ein Einzelwesen ist, um so mehr drängt sich die Ernährungsfrage in den Vordergrund. Denn wer auch für die übrigen Interessen noch so sehr abgestumpft sein mag, der Hunger ist ihm nicht gleichgiltig und er wird ihn, wie es eben geht, zu stillen suchen. Nur einer verhältnismäßig geringen Zahl besonders bevorzugter Menschen kommt es darauf an und gelingt es, andere Lebensäußerungen höher zu schätzen als die leibliche Ernährung und diese gegebenen Falles längere Zeit mit Bewußtsein hintanzusetzen. Daß sich in diesem Charakterzuge des Menschen eine durch die Natur vorgeschriebene Notwendigkeit ausdrückt, bedarf weder eines Beweises noch einer längeren Auseinandersetzung. Es genügt, auf den Grundsatz hinzuweisen, daß ein Wesen erst sein vollkräftiges Bestehen gesichert haben muß, ehe es etwas anderes unternehmen und mit Erfolg durchführen kann.

So sehr sich nun auch im Laufe der Zeit teils durch die Wanderungen der Völker, teils durch das bald langsamere, bald raschere Steigen des allgemeinen Kulturstandes die Lebensbedingungen der Menschheit geändert haben, so ist doch seit der Urzeit darin keine Änderung eingetreten, daß die zur Ernährung des Menschengeschlechts dienenden Stoffe fast ausschließlich der Tier- und der Pflanzenwelt entnommen werden und daß, nachdem einmal eine Auswahl besonders geeigneter Stoffe getroffen war, das allgemeine Streben sich darauf richtete, diese in genügender Menge zu beschaffen, sei es durch bloßes Aufsuchen der in der Natur durch deren schöpferische Kraft immer neu sich erzeugenden Gegenstände, sei es durch eine auf deren Erzeugung abzielende regelmäßige und systematische Thätigkeit. So stehen Ackerbau und Tierzucht in unmittelbarem Zusammenhange mit dem Nahrungsbedürfnis und zugleich in einem besonders nahen Verhältnis zur Kulturentwickelung überhaupt, insofern diese von dem Menschen als erstes Erfordernis eine regelmäßige und andauernde oder wenigstens zeitweise wiederkehrende Arbeit verlangt.

Die Nahrung des überwiegenden Teils der gegenwärtig lebenden Menschheit ist bekanntlich aus tierischen und pflanzlichen Stoffen gemischt und nur eine Minderzahl derselben sättigt sich mehr oder minder ausschließlich mit dazu geeigneten Teilen von Tierkörpern. Zur Gruppe der „Animalier" gehören im allgemeinen diejenigen Völker, welche sich mit Jagd und Fischfang sowie mit nomadischer Viehzucht beschäftigen. Das von diesen bewohnte Gebiet war vor Jahrhunderten und Jahrtausenden von weit größerem Umfange, als jetzt; aber im Laufe der Zeit hat es sehr abgenommen und wird auch in Zukunft noch beträchtlich eingeschränkt werden können und müssen. In entsprechendem Maßstabe greift das Vordringen der halbpflanzlichen Ernährungsweise um sich, und es scheint keinem Zweifel zu unterliegen, daß diese nach und nach allgemeine Verbreitung gewinnen wird. Dagegen giebt es reine Vegetariervölker nicht und dürfte es auch nicht gegeben haben. Am nächsten der reinen Pflanzennahrung kommen die Südseeinsulaner und die Bewohner der Reisländer, insofern bei diesen die pflanzlichen Stoffe durchaus in erster Linie stehen, tierische dagegen entweder nur selten oder, wenn häufiger, in Form von Beilage erscheinen.

Unter den Pflanzenstoffen aber, welche bestimmt sind, den Hunger zu stillen und als Nahrung zu dienen, nehmen diejenigen weitaus den höchsten Rang ein, welche Mehl in größerer oder geringerer Menge enthalten. Dieses Mehl, welches durch seine Stärke und sein Eiweiß zum Aufbau der Zellen besonders geeignet ist, findet sich bald in den Früchten, bald in den Knollen, bald in dem Marke gewisser Pflanzen vor. Alle diese kann man als Getreide im weiteren Sinne bezeichnen. Im engeren Sinne versteht man unter Getreide die bei uns gebräuchlichen, zumeist zu der Gruppe der Gräser gehörenden Gewächse, wie Weizen, Roggen, Gerste, Hafer, Mais, Hirse, Buchweizen und Reis. Mit Ausnahme des Reis, der bereits in einem besonderen Hefte unserer Sammlung behandelt ist, sollen diese unter der Sammelbezeichnung „Getreide" den Hauptgegenstand der nachfolgenden Betrachtungen bilden. Die übrigen mehlhaltigen Gewächse dagegen können, so sehr sie auch in manchen Gegenden im

Vordergrunde stehen mögen, schon mit Rücksicht auf den eng bemessenen Raum, höchstens mit Ausnahme der Kartoffel, nur kurz behandelt werden. Ich fasse sie unter dem Sammelnamen „Ersatzstoffe" zusammen.

Um die Stellung des Getreides in der Ernährung der gegenwärtigen Menschheit, wenn auch nur in großen Zügen, verständlich zu machen, erscheint es geboten, eine kurze Rundschau über diejenigen Gebiete zu halten, in denen pflanzliche Nahrungsmittel zumeist durch regelmäßigen Anbau gewonnen werden.

Beginnen wir diese Rundschau mit dem kleinsten, und bezüglich der Kulturentwickelung jüngsten Erdteil, Australien, so ist es bekannt, daß die Eingeborenen des Festlandes Australien Ackerbau weder bei ihrer Entdeckung getrieben haben, noch denselben auszuüben seitdem gelernt haben. Dieser wurde erst von den englischen Kolonisten eingeführt und auf solche Gewächse ausgedehnt, die dem Klima und der Bodenbeschaffenheit des Landes entsprechen und die auf sie verwendete Arbeit einigermaßen lohnen. Man hat es hier also ausschließlich mit solchen Kulturpflanzen zu thun, deren Anbau sich auch anderwärts findet. Auf den Inseln, welche dem australischen Kontinent im Norden und Nordosten benachbart sind und welche als „Melanesien" zusammengefaßt werden, ist zwar der Ackerbau überall seit alten Zeiten heimisch, aber er bezieht sich nicht auf Getreide. Man gewinnt die landesüblichen Nahrungsmittel entweder von Bäumen wie der Sagopalme, der Kokospalme und dem Brotfruchtbaum, oder von Knollengewächsen, wie Jams, Taro und Batate oder anderen Pflanzen wie Bananen, Zuckerrohr u. a. Die meisten dieser Gewächse findet man auch in Polynesien und Mikronesien, nur mit dem Unterschiede, daß in ersterem die Brotfrucht obenan steht, während in Mikronesien diese Stellung dem Taro zukommt.

In Afrika ist der Norden ein altes Kulturgebiet, also auch eine Pflanzstätte unserer gebräuchlichen Getreidearten, während diese im äußersten Süden erst in neuerer Zeit eingeführt worden sind. Im übrigen sind die Hirsegattungen: Negerhirse oder Duchn und Kafferkorn (Panicum oder Pennisetum disticum und Holcus sorghum oder Sorghum vulgare) insofern echt afrikanisch, als sie vom südlichsten Betschuanenstamm bis zum Fellah des untern Nil den Hauptgegenstand des Ackerbaues und die Grundlage der Ernährung bilden; auch haben sie eine große Anzahl Varietäten gebildet. Nächst den Hirsearten ist die Kassawe (Maniok) die allgemeinst verbreitete und wichtigste Kulturpflanze, besonders im ganzen Westen. Erdnüsse, Bohnen und Erbsen verschiedener Art ergänzen den Grundstock vegetabilischer Ernährung. Von den nördlichsten und südlichsten Gegenden her aber sind Weizen, Gerste, Mais und in neuerer Zeit auch die Kartoffel vorgeschritten.

Sehen wir uns die einschlägigen Verhältnisse Afrikas ein wenig näher an, so ist die bevorzugte Getreideart der Neger die Hirseart Penicillaria spicata, der man in allen Zonen und Höhenlagen begegnet. Von den übrigen Gewächsen herrscht zwar das Sorghum in einigen Gegenden vor, ist aber für hochgelegene Gebiete weniger geeignet. Hier treten dann auch an Stelle der gleichfalls mehr das Tiefland liebenden Bataten und des Maniok Mais und manche Hülsenfrüchte. Die Erdnüsse sind in Westafrika bevorzugt, die Bananen besonders bei den Waganda sehr beliebt. In dem höher entwickelten Sudan scheinen die verschiedenen Hirsearten und die Erdnuß überall vorzuherrschen. H. Barth erzählt, daß in Adamaua die Erdnuß einen großen Teil der Nahrung der Bevölkerung bildet in ähnlichem Maßstab wie die Kartoffel in gewissen Teilen Nordeuropas. Auch im Zentralsudan macht diese ergiebige Frucht in Verbindung mit Sorghum und Sesam die Hauptnahrung der Bewohner aus. Außerdem kommen der wilde Reis und die Erdfrucht „Bebbu" in Betracht. In Wadai, Bornu und Bagirmi wird eine Poa in großer Menge genossen, die man auf den Wiesen sammelt. Weizen und Reis gelten auf den Märkten von Bornu das Doppelte des Preises der anderen Getreidearten. Was den Weizen anbetrifft, so ist er wahrscheinlich zugleich mit der bei den Arabern sehr beliebten, von den Negern aber gering geachteten Zwiebel erst vor einigen Jahrhunderten eingeführt worden. Er wird nur in geringem Umfange angebaut, verhältnismäßig am meisten noch, wie auch die Gerste, in der unmittelbaren Umgebung der Hauptstadt Kuka. In der südlicher gelegenen Landschaft Logon gilt Weizen als eine fürstliche Speise und ist bei der Menge nicht beliebt.

Auf Madagaskar, das ja ein ausgesprochen ackerbauendes Land ist, nimmt der Reis durchaus die erste Stelle ein. Von sonstigen Getreidearten wird nur der Mais an der Westküste in weiterer Verbreitung gebaut, dagegen spielen einzelne Wurzelfrüchte wie Maniok und Bataten, im westlichen Teile des Innern auch die Kartoffel eine ansehnliche Rolle.

Das voreuropäische Amerika war vorwiegend von nicht ackerbautreibenden Stämmen bewohnt, während die bekannten Kulturvölker von Peru bis Mexiko dem Bodenanbau mit Eifer und Verständnis oblagen. In Mexiko z. B. hatte dieser, nach den Schilderungen der Spanier, so großen Umfang genommen, daß es nur wenige fruchtbare Striche gab, die man nicht bepflanzte. Das tägliche Brot lieferte der Mais. In den hochgelegenen Gegenden Perus und Ecuadors traten Quinoa und Kartoffeln auf, die beide in Mexiko fehlten, in den heißeren Teilen überall Bananen und andere Tropenfrüchte. Die Wurzel der Yucca wurde in Mexiko wie in Peru als Nahrungsmittel verwendet. Allgemein wurden auch Kaktusfrüchte und Ananas gegessen.

Die Stellung des Getreides in der Ernährung der Menschheit.

Seit der Einwanderung der Europäer sind zu den einheimischen Nahrungsgewächsen die europäischen Getreidearten hinzugekommen und haben sich nicht nur vortrefflich bewährt, sondern auch in vielen Gegenden die erste Stelle errungen. Kanada und die vereinigten Staaten sind Getreideländer ersten Ranges: die Laplataländer und Chile erzeugen bereits über Bedarf und können, wenn sie wollen, eine wichtige Rolle in der Getreideversorgung Europas spielen. In den zwischen diesen Gebieten gelegenen Ländern dagegen haben sich die europäischen Getreidearten nicht in gleichem Maße in den Vordergrund zu drängen vermocht. In Brasilien z. B. hat die Mandiocca (Maniok oder Cassave) die weiteste Verbreitung. In zweiter Linie folgt Mais, der vorzüglich in den südlichen Provinzen große Strecken zu bedecken pflegt. Mehrere Arten von Bohnen, Reis, Knollengewächsen, auch Kartoffeln werden in ansehnlichen Mengen erzeugt. Die Kultur des Weizens dagegen ist nicht sehr verbreitet; dasselbe gilt von Roggen, Hafer und Gerste. In Columbia baut man, wie die alten Indianer es thaten, je nach der Höhe und Temperatur, von Nährfrüchten Mais, Quinoa, Maniok, Arracacha, Kartoffeln und Bataten. In der tierra fria finden sich geeignete Bedingungen für die Kultur der europäischen Getreidearten, aber diese werden nur auf kleineren Strecken, meist zur Seite der Hütten, gepflanzt. In Mexiko wird etwas mehr Weizen gebaut, als etwa in Columbia oder Venezuela, aber der Jahresertrag an Weizen ist zehn Mal geringer als derjenige an Mais, der hier noch wie vor Jahrhunderten die Grundlage der Volksnahrung bildet.

In den Kulturländern Asiens steht bekanntlich der Reis im Vordergrunde des Anbaues wie der Volksnahrung. Fast ausschließlich herrscht er in Hinterindien und auf dem malayschen Archipel. In dem östlichen Teile des letzteren weicht er vor dem Marke der Sagopalme zurück. In Indien und in China teilt der Reis seine Herrschaft mit dem Weizen und der Hirse, in Japan mit dieser und der Gerste. Weizen, Buchweizen und Mais werden zwar gebaut, aber verhältnismäßig in geringen Mengen. Zudem dient der Weizen in Japan nicht als Brotfrucht, sondern er wird hauptsächlich mit der Sojabohne zu der beliebten braunen Schoyusauce verarbeitet; auch wird das Mehl zu Nudeln und verschiedenen Kuchen für sich allein, mit Zucker oder mit Klebreis verbraucht. Die Kleberschichten, welche beim Mahlen meist der Kleie beigemengt bleiben, werden nämlich durch Kneten in Salzwasser von der Kleie befreit und entweder in gekochtem Zustande verspeist oder durch Backen in eine Art trockenes nudelartiges Gebäck verwandelt, welches unter dem Namen „Fu" geht. Die Gerste dagegen spielt in Japan als Brotgetreide nach dem Reis eine große Rolle, namentlich bei den niederen Ständen. Meistens wird sie durch Stampfen in eine Art Grütze verwandelt und für sich allein oder mit

Reis, Hirse u. a. zusammengekocht. Man benutzt die Gerste aber auch als Pferdefutter. Roggen und Hafer fehlen in Japan gänzlich. In Vorderasien nehmen die europäischen Getreidearten wieder eine höhere Stellung ein. In Persien z. B. ist Weizen die Hauptbrotfrucht, Reis die Grundlage der Ernährung der Wohlhabenden, Hirse und Linsen der Ärmeren, Gerste dient als Pferdefutter.

Ähnlich steht es in Syrien und Kleinasien. In letzterem Lande, das einst eine Kornkammer des römischen Reiches bildete, jetzt aber wie in allen Beziehungen, so auch im Ackerbau die Zeichen des Verfalls überall erkennen läßt, sind die am meisten gebauten Getreidearten Weizen, Gerste und Mais; dem Hafer ist, wie im ganzen Oriente, eine ganz untergeordnete Stellung zugewiesen. Interessant ist die Mitteilung des russischen Reisenden Paul von Tschichatcheff, daß Kleinasien mehrere wildwachsende Getreidearten besitze, nämlich eine Roggenart, Secale cereale var. pectinatum Koch, eine Weizenart, welche, bei Brussa vorkommend, mit Triticum turgidum Ähnlichkeit hat und eine Gerstenart, die, in Phrygien wachsend, eine Spielart der gemeinen Gerste zu sein scheint.

An die Getreide erzeugenden Länder des südlichen Asien legt sich eine breite Steppen- und Wüstenzone an, welche im allgemeinen nomadischer Viehzucht angehört, aber den Bodenanbau doch nicht ganz ausschließt. Man wird in erster Linie an die bekannten Kulturoasen wie Chiwa, Buchara, Samarkand u. a. denken. Aber auch sonst lassen die in Centralasien wohnenden Mongolen- und Turkstämme den Ackerbau nicht ganz beiseite. Nach Angabe des Punditen Nain Sing soll die Gerste in Tibet sogar die Höhengrenze von 4560 m erreichen. Die Lobnorer bauen ein wenig Weizen bei Tscharchalyk. Bei den längs der persischen Grenze wohnenden Turkmenen war vor Eroberung der Russen Ackerbau, wenn auch fast ganz in den Händen iranischer Sklaven ruhend, allgemein, und die Umgebungen von Göck Tepe setzten durch sorgfältige Terrassierung und gute Bewässerungsanlagen die Russen in Erstaunen. Der Usbeke geht mit Ernst hinter dem Pfluge her und hat Getreide im Überflusse, das er über die Grenze verkauft. Auch in der Mongolei hat der Ackerbau an vereinzelten Stellen seit alters eine Stätte gefunden. Dieser Thätigkeit gab allerdings erst die Einwanderung der Chinesen einen mächtigen und dauerhaften Aufschwung. Diese nahmen den Mongolen allmählich den größten Teil derjenigen Länder weg, welche überhaupt zum Anbau sich eignen. Man gewinnt hier hauptsächlich Weizen, Hafer und Hirse.

Bedeutsamer noch als die Chinesen haben die Russen in die Umgestaltung der Dinge in Asien eingegriffen, besonders in Sibirien und Kaukasien. In ersterem Lande haben sie den Ackerbau nicht nur eingeführt, sondern auch soweit entwickelt, daß er den Bedarf der Bewohner aufs reichlichste deckt, in Kaukasien aber haben sie die vorhandenen Anfänge zu weiterer Entfaltung geführt. In Nordasien ist die durch die Russen und Chinesen herbeigeführte Veränderung der Bodennutzung fast noch auffälliger als in Amerika. Während nämlich noch vor drei Jahrhunderten der zusammenhängende Anbau mit dem großen Gebirgszuge endete, welcher die innere Umrandung Turkestans und der Gobi bildet, sodaß nördlich davon mit Ausnahme der centralasiatischen Oasen kein Getreidekorn gebaut und wahrscheinlich auch nicht verbraucht wurde, zieht sich gegenwärtig vom Ural aus ein Gürtel der Getreideproduktion quer durch Sibirien bis zum Amur, von wo aus er in früherer oder späterer Zeit am Sungari nach Süden vordringend, die Ackerbaukolonien der Chinesen in der Mantschurei erreichen wird. Diese Veränderung erstreckt sich aber auch auf die Lebensverhältnisse der hier wohnenden Eingeborenen. Diese, von Haus aus sämtlich Nomaden, sind zum Teil bereits seßhaft geworden, bauen und essen Getreide. Und wo die Getreideproduktion durch die Natur des Landes verboten ist, da haben sich die Eingebornen wenigstens an den Genuß von Brot und Mehlspeisen gewöhnt.

Kommen wir nun zu Europa, so gewinnen wir aus dem Vergleich mit unseren bisherigen Wanderbeobachtungen das Ergebnis, daß dieser Erdteil die eigentliche Stätte des Getreidebaues und des Getreideverbrauches ist. Während aber bezüglich des ersteren die gegenseitigen Verhältnisse der einzelnen Getreidearten innerhalb der einzelnen Länder in der Hauptsache durch das Klima modifiziert werden, so wirkt auf den Verbrauch vielfach neben der eigenen Produktion als gleich starker Faktor die Landessitte mit ein. Gerste und Hafer reichen am weitesten nach Norden, und Gersten- und Hafermehl dienen darum in Schottland, Schweden und Norwegen vorzugsweise zur Brotbereitung. Roggen ist am wichtigsten im nördlichen Teile der gemäßigten Zone, im südlichen Norwegen und Schweden, in Dänemark, Norddeutschland und in einem großen Teile von Rußland. In West- und Südeuropa bildet Weizen die Hauptbrotfrucht, je weiter nach Osten aber, desto mehr gewinnt der Mais die Herrschaft, die sich ganz besonders auf die Balkanländer bezieht. Auch bezüglich der Verbrauchsart herrscht eine gewisse Verschiedenheit. Weizen wird fast ausschließlich zu Mehl, Brot und sonstigem Gebäck verbraucht; Roggen aber findet nicht bloß diese Verwendung, sondern er wird auch zu Branntwein verarbeitet, zu dessen Herstellung übrigens auch Mais und andere Brotfrüchte sich eignen und vielfach verwendet werden. Gerste liefert wohl auch Brotstoff, dient aber doch hauptsächlich zur Bierbereitung, während die weitaus größte Menge des jährlich erzeugten Hafers als Pferdefutter verwendet wird. Buchweizen und Hirse spielen in Europa nirgends eine wirklich bedeutende Rolle, insofern in keinem Lande dieses Erdteils eine der beiden Früchte in erster oder zweiter Linie der Erzeugung steht. Am ansehnlichsten ist ihr Anbau noch in Rußland, wo der Buchweizen den fünften, die Hirse den sechsten Platz unter den Getreidearten einnimmt, während der Mais den siebenten inne hat.

Von denjenigen mehlhaltigen Gewächsen, welche den Nährstoff in den Knollen und im Marke haben, und welche von mir als „Ersatzstoffe" bezeichnet wurden, hat nur die Kartoffel eine wirkliche, allerdings auch weitreichende Bedeutung zu erlangen vermocht. Dies aber ist deshalb geschehen, weil sie sich unter ihresgleichen wohl allein zum Anbau in dem europäischen Klima eignet. Den verhältnismäßig größten Umfang in der Bodenkultur hat die Kartoffel in Belgien, im deutschen Reiche und in den Niederlanden gewonnen, denen sich in nach und nach weiter werdenden Abständen Frankreich, Österreich-Ungarn und Großbritannien anschließen.

Die übrigen Knollenfrüchte, wie die Cassave oder der Maniok, die Batate, der Jams, Arrowroot u. a., werden zwar zur Ernährung herangezogen, aber in Europa nicht kultiviert, eben weil sie Kinder der Tropen sind und nur hier einen lohnenden Ertrag geben.

Aus dem Vorhergesagten wird die außerordentliche Wichtigkeit, welche dem Getreide hauptsächlich bei den Kulturvölkern indogermanischer Abstammung zukommt, klar geworden sein. Man behauptet wohl nicht zuviel, wenn man sagt, daß mindestens die Hälfte der Seelenzahl aller zu dieser jetzt die Weltherrschaft ausübenden Rasse sich mit Getreideerzeugung beschäftigt. Das Getreide spielt also im Volks- und Wirtschaftsleben dieser Völker eine Rolle, wie sie keinem anderen Naturgegenstande, auch wenn dieser ein Kollektivbegriff wäre, zugeschrieben werden kann. Und daher verlohnt es sich wohl der Mühe, die einschlägigen Verhältnisse etwas näher zu betrachten, was in den folgenden Abschnitten geschehen soll.

Zweiter Abschnitt.

Anbauflächen und Produktionsmengen der Getreidearten und ihrer Ersatzstoffe.

Die Getreideerzeugung ist mindestens so alt wie die Weltgeschichte, denn in den frühesten geschichtlichen Denkmälern geschieht der gebräuchlichen Getreidearten Erwähnung. Aus diesem Grunde ist es auch sehr schwer, wenn nicht unmöglich, die Heimat jeder einzelnen dieser Nutzpflanzen zweifellos nachzuweisen. Nach vielverbreiteter Annahme gilt als Heimatland des Weizens und der Gerste das armenische Hochland. Den Ursprung des Hafers verlegt man nach Südrußland. Über den Entstehungsherd des Roggens weiß man aber nichts so bestimmtes anzugeben. Wie nun dem auch sein möge, so viel ist sicher, daß sich der Getreidebau aus kleinen, in das Dunkel der Vorzeit sich verlierenden Anfängen nach und nach zu jener außerordentlichen Bedeutung herausgebildet hat, die ihm gegenwärtig zukommt. Diese gedenke ich in der Weise darzulegen, daß ich bei jeder einzelnen Art, nach einem kurzen geschichtlichen Hinweis, die Anbauflächen und -länder, die Produktionsmengen und ihre Werte verfolge, um dann am Schluß dieses Abschnittes die Gesamterzeugung nach Fläche, Menge und Wert zusammenzufassen.

1. Der Weizen.

Die erste Stelle in dieser Betrachtung gebührt nach Nahrungswert und wirtschaftsgeographischer Bedeutung unstreitig dem Weizen, dem sich die sog. bespelzten Arten als Spelz oder Dinkel, Emmer und Einkorn einordnen. Der Anbau des Weizens geht über die Entstehung der frühesten geschichtlichen Urkunden hinaus. Als die ältesten Anbauländer sind wohl Ägypten und China anzusehen. In letzterem Lande führte der Kaiser Chen-nung um das Jahr 2700 v. Chr. eine Ceremonie ein, bei welcher jährlich fünf Arten Nutzpflanzen: Reis, Soja, Korn und zwei Arten Hirse gesät werden mußten. In Europa reicht die Weizenkultur jedenfalls über die Anfänge der griechischen Geschichte zurück. Aber sie beschränkte sich nicht auf Griechenland, sondern wurde auch bei den Pfahlbauern der Schweizer und oberitalienischen Seen betrieben. Diese gewannen eine kleinkörnige mit dem jetzigen Triticum vulgare nicht identische Art, die sich noch bis zur Zeit der Römerzüge erhielt. Ohne Zweifel waren es die Römer, welche den Anbau des Weizens in der hervorragendsten Weise förderten, indem sie ihn in ihre Ackerbaukolonien einführten. Und von da hat er seinen Weg durch Europa und von da wiederum nach Amerika, Nordasien, Südafrika und Australien genommen, sodaß er ein internationales Gewächs geworden ist. Seine geographische Verbreitung erstreckt sich nach Norden bis zum 64° n. B., seine Höhengrenze ist je nach der Örtlichkeit verschieden; die äußerste Höhe, in der er noch gewonnen wird, liegt in den äquatorialen Anden bei 3248 m Höhe.

Die gegenwärtigen Anbauflächen von Weizen nebst Spelz sind in der nachstehenden Tabelle 1 zusammengestellt:

Tabelle 1.
Anbauflächen des Weizens.

	Jahr	Fläche in Hektar	Verhältnis zur Gesamtbodenfläche in °/₀₀	Verhältnis des Ackerl. zur Gesamtbodenfläche
Belgien	1880	328 445	111	539
Bulgarien		737 000	76	302
Dänemark	1881	58 090	18	425
Deutsches Reich . . .	1889	2 322 551	43	484
Frankreich	1888	6 798 000	129	500
Griechenland	1875	159 586	24	140
Großbritannien u. Irland	1889	1 019 531	32	188
Italien	1879/83	4 438 006	155	399
Niederlande	1887	85 417	26	274
Österreich-Ungarn . . .	1889	4 204 059	Öst. 87) ung. 95) 67	367) 409)
Bosnien		60 000	12	247
Portugal	1885	266 720	30	224
Rumänien	1887	880 000	68	293
Rußland	1881	12 062 000	24	216
Finnland		3 000	0,08	23
Schweden		64 500	1	78
Norwegen	1875	4 536	0,1	21
Schweiz	1885	140 551	34	164
Serbien	1889	180 000	37	239
Spanien		4 200 000	84	254
Türkei		800 000	46	
Europa		38 811 902		

Weizen-Anbaufläche. 11

Jahr		Fläche in Hektar	Verhältnis zur Gesamt-bodenfläche in °/₀₀	Verhältnis d. Ackerlandes zur Gesamt-bodenfläche
Canada	1881/86	775 575	0,9	
Vereinigte Staaten	1889	15 468 744	17	153
Mexiko		500 000		
Argentinien	1887	815 438	3	
Chile		800 000	10	
Algerien	1887	1 235 577	18	
Ägypten	1888	545 290	197	1000
Kapland und Natal	1875/88	76 500	1	(zur Kulturfläche)
Sibirien		800 000	0,6	
Britisch-Indien	1889/90	10 604 960	39	
Japan	1882	367 867	9	
Australasien	1888	1 623 321	2	
Auswärtige Erdteile		33 613 272		
Gesamtsumme		72 425 174		

Zum richtigen Verständnis der Tabelle über die Anbauflächen des Weizens bedarf es einiger erläuternder Bemerkungen. Zunächst ist zu beachten, daß nicht in allen Ländern, wo Weizen angebaut wird, die Anbauflächen von seiten der Behörden festgestellt werden, ja daß für verschiedene Länder nicht einmal die jährlichen Erntemengen bekannt sind. Zu den letzteren gehören China, Kaukasien, Mesopotamien, die mittelasiatischen Oasen, Marokko, Brasilien, Peru, Ecuador, Columbia, Venezuela u. a. Alle diese Länder mußten selbstredend von der Tabelle der Anbauflächen ausgeschlossen werden. Was diejenigen Länder anbelangt, für welche man wohl die Erntemengen, aber nicht die Anbauflächen kennt, so sind z. T. die Anbauflächen aus den Erntemengen in der Weise abgeleitet worden, daß als Richtschnur die Durchschnittserträge solcher Gebiete dienten, welche annähernd unter denselben Produktionsbedingungen stehen. Für Spanien kennt man z. B. die Jahreserträge. Da nun Spanien etwa unter denselben Verhältnissen steht wie Portugal und da für letzteres der Durchschnittsertrag auf den Hektar bekannt ist, so ist dieser auf Spanien übertragen und auf diese Weise die Anbaufläche ermittelt worden. Ein ähnliches Verhältnis besteht zwischen Argentinien und Chile; daher giebt das eine den Maßstab für das andere ab. Wo eine solche Analogie nicht zur Anwendung kommen konnte, wie z. B. für die meisten Balkanländer, insbesondere für Bulgarien und die Türkei, da ist als Durchschnittsertrag die Masse von 10 hl auf den ha zur Berechnung verwendet worden. In der Tabelle sind alle diejenigen Länder, für welche die Anbaufläche durch Analogie aus der Erntemenge ermittelt wurde, daran zu erkennen, daß in der betreffenden Rubrik der Tabelle die Jahreszahl fehlt. Wo eine solche vorhanden ist, will dieselbe bedeuten, daß die betreffende Arealzahl auf offiziellen Angaben beruht. Daß diese aber einen verschiedenen Grad von Zuverlässigkeit haben, bedarf keiner weiteren Erörternng. Wo ferner Arealzahlen mit Jahresangabe zu erlangen waren, sind in der Tabelle stets die neuesten Beträge eingesetzt. Dadurch entsteht, wie nicht zu verkennen ist, eine gewisse Ungleichheit der Behandlung, die sich aber bei dem gegenwärtigen Stand der Agrarstatistik nicht vermeiden läßt.

Was nun die aus den einzelnen Beträgen herausgerechnete Gesamtzahl der Anbauflächen des Weizens anbetrifft, so ist es klar, daß diese Summe der Wirklichkeit nicht ganz entsprechen kann, eben weil die einzelnen Gruppen der Faktoren sich nicht gleichwertig sind. Aber so sehr dieser Umstand auch zu beklagen ist, so läßt er sich doch vor der Hand nicht beseitigen. Zudem dürften die Abweichungen von der Wirklichkeit nicht allzugroß sein, jedenfalls aber erscheinen die durch Berechnung gefundenen Beträge eher zu niedrig als zu hoch.

Aber auch mit diesen Bedenken ist unsere Tabelle der Weizenanbauflächen in mehreren Beziehungen recht lehrreich und bietet Anlaß zu interessanten Vergleichen. Zunächst zeigt sich, wie klein verhältnismäßig die berechnete Anbaufläche des Weizens, der beliebtesten und wertvollsten unter den Getreidearten ist. In Europa macht sie ein Areal von 388 552 qkm aus, ein Gebiet, welches ungefähr dem Königreich Preußen nebst den darin eingeschlossenen Kleinstaaten gleichkommt. Von der Gesamtfläche des Erdteils Europa aber stellt das Weizenanbauland nur vier Hundertteile dar. Die Gesamtanbaufläche der in der Tabelle aufgeführten Länder beläuft sich auf 742 685 qkm; sie entspricht beinahe der Größe des vereinigten Königreichs Schweden-Norwegen (775 997 qkm). Die genannte Summe darf man streng genommen nicht als die Anbaufläche der Erde bezeichnen, da, wie oben auseinandergesetzt wurde, eine Reihe von Ländern fehlen, unter denen jedenfalls China einen sehr stattlichen Betrag zu stellen vermag. Denn China baut wahrscheinlich nicht weniger Weizen als Indien. So hoch man aber auch die Beträge für die in der Tabelle fehlenden Länder veranschlagen mag, so würden sie keinesfalls die Gesamtanbaufläche der Erde über 900 000 qkm steigen lassen. Diese Summe aber bedeutet nicht mehr als sechs Tausendteile der festen Erdoberfläche, ein höchst geringfügiger Betrag, der sich selbst dann, wenn man die Polargebiete wegläßt, kaum um ein Tausendteil erhöht. Also nicht einmal ein Hundertteil der fünf Kontinente ist dem Anbaue des Weizens gewidmet.

Weiterhin zeigt uns die Tabelle an, welche Länder die höchsten

Weizen-Anbaufläche.

absoluten Anbauflächen besitzen. Ordnen wir dieselben nach diesem Gesichtspunkte, so entsteht die folgende Reihe (in qkm):

Vereinigte Staaten	154 687	Canada	7 755
Rußland	120 620	Bulgarien	7 370
Indien	106 049	Ägypten	5 453
Frankreich	67 980	Mexiko	5 000
Italien	44 380	Japan	3 678
Österr.-Ung. mit Bosnien	42 640	Belgien	3 284
Spanien	42 000	Portugal	2 667
Deutsches Reich	23 225	Serbien	1 800
Australasien	16 233	Griechenland	1 595
Algerien	12 355	Schweiz	1 405
Großbritannien	10 195	Dänemark	1 013
Rumänien	8 800	Niederlande	854
Argentinien	8 154	Brit. Südafrika	765
Chile	8 000	Schweden	645
Türkei	8 000	Norwegen	45
Sibirien	8 000	Finnland	30

Die absoluten Beträge erwecken aber leicht falsche Vorstellungen in Bezug auf die Bedeutung, welche einem Spezialzweige im Verhältnis zur gesamten Wirtschaftsthätigkeit zukommt. Um solchen falschen Vorstellungen vorzubeugen, sind, soweit dies möglich oder angängig war, in die Tabelle 1 die Verhältniszahlen der Weizenanbaufläche einmal zum Gesamtareal, sodann zur Ackerfläche der betreffenden Länder eingetragen. Ich sagte eben: „soweit dies möglich oder angängig war". Unmöglich aber erwies sich die Berechnung der Verhältniszahl zur Ackerfläche z. B. in der Türkei und in vielen außereuropäischen Ländern, weil für dieses Land die Ackerfläche nicht bekannt ist.

Stellen wir nun eine Reihenfolge auf, in der die einzelnen Staaten und Gebiete nach dem Verhältnis der Weizenbaufläche zum Gesamtareal geordnet sind, so zeigt diese ein ganz anderes Bild, als es durch die absoluten Beträge geboten wurde.

	Gesamtareal.		Gesamtareal.
Italien	155 ⁰/₀₀	Türkei	46 ⁰/₀₀
Frankreich	129 „	Deutsches Reich	43 „
Belgien	111 „	Brit. Indien	39 „
Ungarn allein	95 „	Österreich allein	37 „
Spanien	84 „	Serbien	37 „
Bulgarien	76 „	Schweiz	34 „
Rumänien	68 „	Großbritannien	32 „
Österreich-Ungarn	67 „	Niederlande	26 „

Anbauflächen und Produktionsmengen der Getreidearten ꝛc.

	Gesamtareal.		Gesamtareal
Griechenland	24 °/₀₀	Australasien	2 °/₀₀
Algerien	18 „	Schweden	1 „
Dänemark	18 „	Brit. Südafrika	1 „
Vereinigte Staaten	17 „	Canada	0,9 „
Bosnien	12 „	Sibirien	0,6 „
Chile	10 „	Norwegen	0,1 „
Japan	9 „	Finnland	0,08 „
Argentinien	3 „		

Zu einem noch wesentlich andern Ergebnis aber wird uns eine Betrachtung führen, bei der die Weizenanbaufläche in ein Verhältnis zu dem gesamten Ackerlande der betreffenden Länder gestellt wird. Da entsteht die folgende Gruppierung:

Italien	40 %	Portugal	13 %
Frankreich	26 „	Rußland	11 „
Bulgarien	25 „	Vereinigte Staaten	11 „
Spanien	24 „	Österreich	10 „
Ungarn	23 „	Deutsches Reich	9 „
Rumänien	23 „	Niederlande	9 „
Belgien	20 „	Bosnien	5 „
Schweiz	20 „	Dänemark	4 „
Ägypten	20 „	Schweden	1 „
Großbritannien	18 „	Norwegen	0,5 „
Serbien	18 „	Finnland	0,3 „
Griechenland	17 „		

Diese Zusammenstellung zeigt vor allem, welche Rolle der Weizenbau in den verschiedenen Ländern spielt; um diese aber vollständig auszudrücken, dazu gehören die absoluten und relativen Erträge nebst ihren Wertergebnissen. Über diese soll auch Rechenschaft abgelegt werden, nachdem die Verhältnisse der Weizenkultur etwas näher dargelegt worden sind. Wir beginnen diese Betrachtung mit dem deutschen Reiche, obschon dieses in dem Anbaue dieser so wichtigen Getreideart weder in Ansehung der Fläche noch hinsichtlich des Verhältnisses zum Ackerland und zum Gesamtareal in erster Linie steht. Hier soll der durch die politische Entwickelung auch jetzt noch in gewissen Gebieten so arg zerstückelte territoriale Zusammenhang möglichst aufrecht gehalten werden.

Weizen und Spelz.

Ostpreußen	101 848	ha	28 °/₀₀	des Gesamtareals
Westpreußen	75 458	„	25	„
Pommern	58 072	„	19	„
Mecklenburg-Strelitz	10 689	„	36	„

Weizen-Anbaufläche.

Mecklenburg-Schwerin	43 633 ha	33 °/₀₀	des Gesamtareals
Lübeck	885 „	30	„
Schleswig-Holstein	43 763 „	28	„
Hannover	87 180 „	22	„
Hamburg	1 643 „	40	„
Bremen	201 „	8	„
Oldenburg	5 501 „	8	„
Westfalen	76 143 „	37	„
Lippe-Schaumburg	1 772 „	52	„
Lippe	5 506 „	47	„
Rheinland	124 772 „	46	„
Hessen-Nassau	68 175 „	43	„
Waldeck	4 189 „	37	„
Braunschweig	22 488 „	61	„
Provinz Sachsen	144 510 „	57	„
Anhalt	10 833 „	46	„
Sachsen-Weimar	21 762 „	70	„
Sachsen-Meiningen	10 374 „	42	„
Sachsen-Altenburg	6 543 „	59	„
Sachsen-Coburg-Gotha	11 404 „	59	„
Schwarzburg-Rudolstadt	2 976 „	31	„
Schwarzburg-Sondershausen	5 825 „	67	„
Reuß ä. L.	314 „	10	„
Reuß j. L.	1 924 „	23	„
Brandenburg	53 265 „	13	„
Königreich Sachsen	50 520 „	34	„
Posen	99 146 „	34	„
Schlesien	187 663 „	46	„
Bayern, rechtsrheinisch	384 194 „	55	„
Württemberg	213 320 „	109	„
Hohenzollern	14 108 „	123	„
Hessen	44 847 „	58	„
Baden	108 761 „	72	„
Bayern, linksrheinisch	28 882 „	47	„
Elsaß-Lothringen	182 853 „	126	„

Aus den zu den Anbauflächen gesetzten Verhältniszahlen geht hervor, daß das Schwergewicht des deutschen Weizenbaues im Süden und in den Landstrichen um den Harz herum liegt, während das norddeutsche Tiefland durchaus unter dem Durchschnitt (43 : 1000) bleibt. Die geringsten Beträge kommen auf das Moor- und Heideland des Nordwestens. Daß die Ursache der angedeuteten Verteilung des Weizenbaues durch Boden und

Klima bedingt sei, bedarf im allgemeinen gewiß keiner Erörterung. Aber ohne Zweifel spielen auch Brauch und Herkommen mit hinein. Wenigstens liegt es nahe, anzunehmen, daß, wenn Elsaß=Lothringen bezüglich des Verhältnisses der Weizenfläche zum Gesamtareal die erste Stelle einnimmt, darin die Nachwirkungen der „Franzosenzeit" zu erblicken sei.

Der Anteil des Spelz an der Weizenanbaufläche bezifferte sich im Jahre 1889 zu 366 110 ha. Spelz zum Weizen verhält sich etwa wie 1 : 5. In Nord= und Mitteldeutschland fehlt der Spelz entweder ganz oder er zeigt nur geringfügige Beträge. Diese nehmen südlich der Main= linie in solchem Maße zu, daß sie in Württemberg die Weizenflächen, in Baden sogar fast das Sechsfache derselben darstellen.

In Österreich spielt der Weizen durchschnittlich noch eine geringere Rolle als im deutschen Reiche, doch giebt es immerhin einige Gegenden, in denen er die Herrschaft mit dem Roggen entweder teilt oder sich um sie bewirbt. Dazu gehören vor allem die tieferen Teile von Nordböhmen und das Beraungebiet, wo, wie im Vorland des Harzes, Weizen und Zucker= rüben der Landwirtschaft ihr charakteristisches Gepräge geben. Auch im nördlichen Vorland sowie im Salzachgebiet tritt der Weizen etwas in den Vordergrund. Das Hauptgebiet für den Weizenbau ist und bleibt das große ungarische Tiefland. Im Verhältnis zu den übrigen Kulturen lassen sich jedoch zwei Gruppen unterscheiden. In der einen derselben, welche das ganze Land westlich der Donau und östlich derselben, die Komitate Pest, Heves, Borsod, Szabolcs, Zemplin und Ung umfaßt, dominiert der Weizen, in den übrigen Komitaten des Theißgebietes dagegen einschließlich Bais=Bobrog tritt ihm der Mais ebenbürtig zur Seite. — Spelz wird in Österreich=Ungarn nur wenig gebaut, insgesamt auf 18 986 ha, ver= hältnismäßig am meisten noch in Kroatien=Slavonien (743 ha).

In der Schweiz dagegen waltet der Spelz, etwa in ähnlichem Grade wie in Württemberg, vor. Im Jahre 1885 waren 78 508 ha mit Spelz, 62 043 ha dagegen mit Weizen bestellt. Diese Anbauflächen hat man vorzugsweise auf der sogenannten Hochebene zu suchen, doch kommt auch etwas den breiteren Thälern der Alpen und den beckenartigen Auswinterungen zwischen den Juraketten zu.

In den Niederlanden steht die Anbaufläche des Weizens hinter der= jenigen von Roggen und Hafer zurück, in Belgien dagegen schlägt er in Verbindung mit Spelz den Roggen um etwa 50 000 ha, während er in Großbritannien um einen ansehnlichen Betrag von dem Hafer, der hier die erste Stelle einnimmt, übertroffen wird.

In den romanischen Ländern ist im allgemeinen der Weizen die bevorzugte Bodenfrucht, vor allem in Frankreich, Italien und Spanien. In Frankreich findet seit hundert Jahren eine stetige Zunahme

Weizen-Anbaufläche.

des Weizenanbaues statt, die nach dem Statistiker Tisserand die folgende Gestalt zeigt:

1789: 4 000 000 ha Anbaufläche mit 31 Mill. hl Ertrag.
1831—41: 5 353 841 „ „ „ 68,4 „ „ „
1842—51: 5 846 919 „ „ „ 81,04 „ „ „
1852—61: 6 500 448 „ „ „ 88,9 „ „ „
1862—71: 6 887 741 „ „ „ 98,3 „ „ „
1872—81: 6 904 503 „ „ „ 100,3 „ „ „
1882—88: 6 958 200 „ „ „ 109,4 „ „ „

Den besten Boden für den Weizenbau bieten die Provinzen Flandern, Artois, die Picardie und Ile de France. In zweiter Linie folgen die Normandie, Maine, die Basse-Bretagne, die Vendee und Poitou. Im ganzen aber überwiegt der Weizen dermaßen, daß er fast die Hälfte aller für die Cerealien bestimmten Ländereien beansprucht. Noch stärker ist sein Anteil in Italien und Spanien, sowie in Griechenland. In Portugal dagegen tritt er etwas hinter den Mais und Roggen zurück.

Im Südosten Europas schwankt die Vorherrschaft je nach der Örtlichkeit zwischen dem Weizen und dem Mais. In Bulgarien überwiegt der erstere, in Serbien und Rumänien der letztere.

Gehen wir zu Rußland über, so nimmt in diesem Lande der Weizen die dritte Stelle unter den Cerealien ein. Verschiedene Gouvernements lassen aber den Weizenanbau entweder gänzlich vermissen oder betreiben ihn nur in geringem Maße. Dazu gehören die Gouvernements Archangel, Olonez, St. Petersburg, Twer, Moskau, Kaluga und Pensa. In den übrigen wird Weizenbau getrieben, aber in sehr verschiedener Intensität, und im allgemeinen mit Bevorzugung der Sommerfrucht. Bei der hervorragenden Stellung, welche Rußland in der Getreidefrage einnimmt, wird es gerechtfertigt sein, wenn ich aus dem zur Verfügung stehenden Material bei den einzelnen Gouvernements das Verhältnis der mit Winter- und Sommerweizen besäten Fläche zum gesamten Ackerlande nachstehend mitteile, wobei auch diejenigen Gouvernements mit berücksichtigt sind, in denen die Weizenkultur das tiefste Maß nicht erreicht.

A. Nichtschwarzerde.

		Winterw.	Sommerw.
Nördliche Gvts.:	Archangel	—	—
	Olonez	—	—
	Wologda	—	1—10
Mittlere Gvts:	St. Petersburg	—	—
	Nowgorod	—	unter 1
	Twer	—	—
	Pskow	unter 1	—

18 Anbauflächen und Produktionsmengen der Getreidearten ꝛc.

		Winterw.	Sommerw.
Mittlere Gvts.:	Smolensk	—	unter 1
	Moskau	—	—
	Kaluga	—	—
	Wladimir	—	unter 1
	Jaroslaw	unter 1	unter 1
	Kostroma	—	1—10
	Nischni-Nowgorod	unter 1	1—20
	Wjatka	—	unter 1
	Perm	—	1—10
Baltische Gvts.:	Esthland	unter 1	unter 1
	Livland	unter 1	unter 1
	Kurland	3—10	unter 1
Westliche Gvts.:	Mohilew	—	unter 1
	Witebsk	unter 1	unter 1
	Wilna	unter 1	unter 1
	Kowno	1—3	unter 1
	Grodno	1—3	unter 1
	Minsk	unter 1	unter 1

B. Schwarzerde.

		Winterw.	Sommerw.
Südwestliche Gvts:	Kijew	über 10	unter 1
	Podolien	3—10	unter 1
	Wolhynien	über 10	1—10
Südliche Gvts.:	Beßarabien	über 10	über 20
	Cherson	3—10	über 20
	Jekaterinoslaw	1—3	über 20
	Taurien	3—10	über 20
	Donsches Kosakengebiet	1—3	über 20
Mittlere Schwarzerde:	Tula	unter 1	—
	Rjäsan	unter 1	—
	Orel	1—3	—
	Kursk	3—10	unter 1
	Woronesch	1—3	1—10
	Tambow	1—3	unter 1
	Pensa	—	—
	Charkow	1—3	10—20
	Poltawa	3—10	10—20
	Tschernigow	unter 1	unter 1
Östliche Wolgagvts:	Kasan	—	1—10
	Simbirsk	—	1—10
	Samara	3—10	10—20

Weizen-Anbaufläche.

		Winterw.	Sommerw.
Östliche Wolgagvts.:	Saratow	unter 1	1—10
	Ufa	unter 1	1—10
	Orenburg	unter 1	10—20
	Astrachan	—	über 20

Daß in den nordeuropäischen Ländern der Weizen hinter die übrigen Cerealien weit zurücktritt, wurde früher schon gesagt. Am ansehnlichsten ist noch die ihm gewidmete Fläche in Dänemark (Laaland, Falster, Langeland, einige Teile Seelands und des östlichen Jütland). In Schweden sind es vorwiegend die fruchtbaren Läne von Götaland und Svealand, wo man den Weizen ziemlich stark kultiviert. In Norwegen geschieht dies bis 64° 3′ n. Br. und im Süden bis 3—400 m Seehöhe. In Finnland endlich wird Weizen in ganz kleinen Quantitäten, aber ziemlich allgemein bis 62° angebaut, darüber hinaus wird er selten und sein Ertrag höchst unsicher.

Unter den auswärtigen Produktionsländern erregen die Vereinigten Staaten das größte Interesse, obwohl hier der Weizen nicht den ersten Rang unter den Cerealien dieses Landes einnimmt, sondern dieser dem Mais zufällt. Seit dem Jahre 1849 liegen Angaben über das Weizenareal vor. Dieses betrug:

1849	. .	8	Mill. Acres.	1881	. .	37,7	Mill. Acres.
1859	. .	14,5	„ „	1884	. .	39,4	„ „
1871	. .	19,9	„ „	1889	. .	38,1	„ „

Daraus geht hervor, daß 1849—81 ein gewaltiger Aufschwung stattgefunden hat, der seine äußerste Kulmination in dem vorigen Dezennium erreichte, in dem, wie bekannt, das Eisenbahnnetz sich hauptsächlich nach Westen ausdehnte. 1881—89 aber ist nur eine geringe Zunahme eingetreten, ja seit 1884 sogar ein kleines Zurückweichen. Diese Bewegung scheint anzudeuten, daß die seiner Zeit von General Hazen, dem Vorstande des Washingtoner Wetteramtes, geäußerte Ansicht, daß der hundertste Grad w. L. Greenwich die äußerste Westgrenze lohnenden Getreidebaues sei, sich zu bewähren scheint. Dafür sprechen auch die in Süddakota gemachten Erfahrungen. In 19 Counties des genannten Staates ist nämlich die Ernte in den letzten vier Jahren völlig fehlgeschlagen. Was die geographische Verbreitung der Hauptcentra der Weizenerzeugung anbetrifft, so hat sich seit vierzig Jahren darin eine bemerkenswerte Veränderung vollzogen. Während nämlich in den fünfziger Jahren Pennsylvanien, Ohio, Newyork und Virginia obenan standen, sind jetzt an deren Stelle Minnesota, Kalifornien, Dakota, Indiana, Illinois, Ohio, Kansas, Michigan, Iowa und Missouri getreten. Diese zehn Staaten umfaßten im Jahre 1889 66 Hundertteile der Gesamtanbaufläche, nämlich gegen 25 Mill. Acres = 10 Mill. ha ober so viel wie das Britische Indien besitzt. Dafür fehlt die Weizenkultur in ausgedehnten Landstrichen und zwar nicht nur in den wenig oder gar nicht besiedelten Teilen des Felsengebirges und des Großen Plateaus, sondern auch entlang der Südost- und Südküste von Kap Hatteras bis zur mexikanischen Grenze in der Weise, daß Staaten wie Florida, Alabama und Lousiana sie ganz entbehren.

Auch das benachbarte Canada, wo der Hafer die erste, der Weizen aber die zweite Rolle spielt, hat in den letzten Jahrzehnten erhebliche Fortschritte gemacht, die namentlich in das vorige Jahrzehnt zu liegen kommen. Bislang war das Zentrum des Getreideanbaues überhaupt Südontario, insofern dieses mit Ausnahme des Buchweizens mehr als die Hälfte des canadischen Getreides erzeugte. In neuster Zeit aber bahnt sich eine ähnliche Verschiebung der Weizenkultur nach Westen an, wie sie in den Vereinigten Staaten bereits zur Wirklichkeit geworden ist. In Manitoba ist nämlich die Anbaufläche von 1884—89 von 307 020 auf 746 056 Acres gestiegen, so daß dies Gebiet beinahe dieselbe Weizenfläche besitzt, wie das Königreich Belgien.

In Mexiko gedeiht der Weizen am besten in Höhen von 1200 bis 2500 m und in den meisten Gebieten nördlich von 18° n. Br.

In Chile und Argentinien behauptet der Weizen wieder den ersten Rang, ganz besonders in Chile, wo er in einer weißen und rotkörnigen Varietät gezogen wird. In Argentinien beanspruchte er im Jahre 1888 ein volles Drittel (33,7 %) des gesamten Kulturareals.

Kehren wir zur alten Welt zurück, so belief sich in Britisch-Indien das gesamte Kulturareal nach dem Statistical Atlas of India 1886 auf 189,8 Mill. Acres = 788 690 qkm, davon entfielen 58,56 Mill. Acres auf Reis, 20,3 auf Weizen und 79,5 auf andere Nährfrüchte ausschließlich des Weizens. Für das gesamte Indien dagegen — britischer Besitz und Schutzstaaten — machte das Weizenareal im Durchschnitt der Jahre 1882/83—1886/87 28,6 Mill. Acres aus, seitdem hat es sich von Jahr zu Jahr etwas vermindert und 1889/90 den Betrag von 26,4 Mill. Acres erreicht, der in unsere Tabelle 1 eingesetzt worden ist. Die Verteilung auf die einzelnen Gebiete gestaltet sich wie folgt:

1. Gebiete mit genaueren Aufnahmen:

Punjab	6 575	Tausend Acres
Nordwestprovinzen und Oudh	4 539	,, ,,
Zentralprovinzen	4 056	,, ,,
Bombay und Baroda	2 781	,, ,,
Berar	846	,, ,,
Madras	20	,, ,,
Zusammen	18 807	Tausend Acres.

2. Gebiete mit rohen Schätzungen:

Bengalen	1010 Tausend Acres	
Radschputana	1600	„ „
Zentralindien	2600	„ „
Hyderabad	1110	„ „
Mysore	5	„ „
Kaschmir und andere Gebiete	1300	„ „
Zusammen	7625 Tausend Acres.	

Daß das Schwergewicht des indischen Weizenbaues im Pendschab (Punjab) liegt, zeigt nicht nur die absolute Arealzahl, sondern wird auch durch das relative Verhältnis bestätigt. Nach einer offiziellen Karte über den Weizenbau in Indien ist der höchste Betrag des Weizenareals zur Gesamtfläche über 40%. Diejenigen Gebiete aber, welche diesen Prozentsatz besitzen, liegen weitaus der Mehrzahl nach im Pendschab; sie heißen Rawalpindi, Jhelum, Bannu, Gujarat, Shahpur, Ismail Khan, Muzaffargarh, Mooltan, Jhang, Montgomery, Sialkot, Amritsar, Gurdaspur und Hoshiapur. Im übrigen kommen nur in den Zentralprovinzen einige Gebiete wie Hoshangabad, Narsinghpur, Senoni, Saugor und Damoh vor, welche auf gleicher Stufe stehen wie die eben genannten Teile des Pendschab. Ohne Weizenbau sind im allgemeinen die Küstenstriche an der Malabarküste sowie die im Innern gelegene Landschaft Chota Nagpur.

Über die Ausdehnung und die Erträge der in China uralten Weizenkultur fehlt leider jeder Anhalt zu zahlenmäßiger Feststellung. Man muß sich also mit allgemeinen Angaben behelfen, die ich dem berühmten Werke F. von Richthofens entnehme. Darnach herrscht bezüglich der Nährfrüchte in Nordchina der Anbau des Weizens und der Hülsenfrüchte, in Südchina der Reisbau vor; Weizen und Hülsenfrüchte werden zwar auch noch allgemein gepflegt, aber nicht in solcher Menge wie im Norden. In der Mantschurei besteht der für europäische Landleute jedenfalls auffällige Gebrauch, den Weizen in sorgfältig gezogenen Reihen zu säen, welche mehrere Zoll von einander abstehen. Ist er zu halber Höhe gediehen, so werden zwischen den Reihen Bohnen gesteckt. Bei der Ernte des Weizens werden nur die Ähren abgeschnitten; nun entwickeln sich die Bohnen schnell. Als die Kornkammer Nordchinas gilt die Provinz Shensi. Die Bewohner rühmten sich, das feinste und weißeste Weizenmehl im himmlischen Reiche zu haben. Auch wird es in erheblichen Mengen nach den umliegenden Ländern ausgeführt, besonders nach Kansu, der Mongolei und Shansi.

Von der geringen Bedeutung des Weizens für Japan wurde bereits gesprochen. Seine Anbaufläche verhält sich zu derjenigen des Reis wie 1 : 7 und der Gerste wie 1 : 3.

In Persien wird der Weizen nach Stolze-Andreas hauptsächlich als Winterfrucht in solchen Massen und zu so billigen Preisen erzeugt, daß er bereits seit Jahren einen stehenden Exportartikel bildet, der sowohl auf den nördlichen Handelswegen nach Rußland als von den Häfen des persischen Golfes nach der arabischen Küste, nach Indien, nach Mauritius, nach den Häfen des Roten Meeres und nach England geführt wird. Und diese Ausfuhr würde sich außerordentlich zu steigern fähig sein, wenn das Land bessere Verkehrsmittel besäße.

Über die Anbauflächen Sibiriens liegen keine Zahlen vor. Nach den Ernteergebnissen zu urteilen hat man zunächst zwischen West- und Ostsibiren zu unterscheiden. In Westsibirien behauptet der Hafer die erste Stelle; dann folgen Weizen (hauptsächlich Sommerweizen), Roggen und Gerste. In Ostsibirien, speziell im Gouvernement Irkutsk, kommt zuerst der Roggen, dann Gerste und Hafer und in vierter Linie Weizen.

In Australien nimmt der Weizen weitaus die erste Stelle ein, indem ihm fast die Hälfte des Kulturlandes gewidmet ist. Die zweitwichtigste Getreideart, der Hafer, verhält sich zu jenem wie 1 : 6. Das Weizenareal verteilte sich im Jahre 1887/88 auf die Hauptteile Australiens wie folgt:

Südaustralien	1 950 000	Acres
Victoria	1 232 943	,,
Neusüdwales	389 390	,,
Westaustralien	29 491	,,
Queensland	8 248	,,
Tasmania	40 498	,,
Neuseeland	357 359	,,

Von den Anbauflächen wende ich mich zu den Erntemengen. Die Statistik darüber ist nicht nur umfassender als über das Kulturareal, sondern wird auch in häufigeren Zeiträumen wiederholt, vielfach sogar alle Jahre gegeben. Aber trotzdem ist die Erntestatistik von Vollkommenheit weit entfernt. Einmal stehen für gewisse Gebiete wie China, Brasilien u. a. überhaupt keine Angaben zur Verfügung, für andere werden zwar Aufnahmen gemacht, aber nicht alle Jahre wiederholt, oder sie lassen an der erforderlichen Genauigkeit zu wünschen übrig. Demnach ist es zur Zeit nicht möglich, den Jahresertrag der ganzen Erde an Weizen oder irgend einer anderen Getreideart festzustellen. Einigermaßen mildernd wirkt hierbei nur der eine Umstand, daß diejenigen, für welche die Zahlen ganz fehlen, für den Außenhandel entweder gar nicht oder in geringerem Maße in Betracht kommen.

Weizen-Erntemenge.

Tabelle 2.
Jahreserträge an Weizen und Spelz.

	Durchschnitt hl	Auf den Kopf der Bev. hl	Maxim. Mill. hl	Minim. Mill. hl
Belgien	8,1 Mill.	1,33	9,1	3,6
Bulgarien	12,5 „	4,00	14,1	10,8
Dänemark	1,8 „	0,83	2,1	1,3
Deutsches Reich	38,4 „	0,78	43,0	33,3
Frankreich	104,1 „	2,72	119,2	81,2
Griechenland	1,6 „	0,78	4,3	1,6
Großbritannien	27,4 „	0,76	28,9	23,0
Italien	43,9 „	1,32	44,6	38,4
Niederlande	2,0 „	0,44	2,4	1,3
Österreich-Ungarn-Bosnien	53,8 „	1,26	72,5	48,8
Portugal	2,2 „	0,46	2,9	2,2
Rumänien	15,8 „	2,53	22,0	9,6
Rußland	86,7 „	0,92	105,7	65,8
Finnland	0,04 „	0,02	0,1	0,04
Schweden	1,3 „	0,27	1,5	1,1
Norwegen	0,1 „	0,05	0,1	0,1
Schweiz	1,3 „	0,45	1,5	1,1
Serbien	1,9 „	0,88	3,6	1,9
Spanien	29,1 „	1,68	32,8	25,4
Türkei	11,9 „	2,36	12,3	8,6
Europa	442,94 Mill.	1,24	522,7	359,14
Canada	13,5 „	2,66	17,4	9,1
Vereinigte Staaten	165,4 „	2,62	213,1	125,8
Mexiko	4,0 „	0,85	4,0	4,0
Chile	4,7 „	1,48	6,0	4,7
Argentinien	6,5 „	1,60	9,7	6,5
Amerika	193,1 Mill.	—	250,2	150,1
Kleinasien	13,0 „	—	13,0	13,0
Persien	7,9 „	1,00	8,7	7,2
Britisch Ostindien	96,2 „	0,44	108,8	85,9
Japan	4,5 „	0,11	4,5	4,5
Sibirien	5,3 „	1,23	5,3	5,3
Asien	126,9 Mill.	—	140,3	105,9

	Durchschnitt hl	Auf den Kopf der Bev. hl	Maxim. Mill. hl	Minim. Mill. hl
Ägypten	3,0 Mill.	0,48	3,9	2,5
Algerien	8,1 „	2,12	8,7	5,7
Tunesien	1,0 „	0,66	1,4	1,0
Kapland	1,3 „	1,29	1,6	1,3
Afrika	13,4 Mill.		15,6	10,5
Australasien	12,8 „	3,30	15,7	10,1
Die ganze Erde	789,14 Mill.		944,5	635,74

Bei Aufstellung der nach Erdteilen geordneten Tabelle 2 kam es mir darauf an, zunächst den Betrag einer Mittelernte festzustellen, dieser aber einerseits das Maximum, anderseits das Minimum gegenüberzustellen. Dies letztere geschah in der Weise, daß dafür nicht ein bestimmtes Jahr zu Grunde gelegt wurde, sondern daß der für jedes Land in den letzten Jahren gewonnene höchste und niedrigste Ertrag eingesetzt wurde, der im Prinzip in jedem Falle in ein anderes Jahr fallen kann. Selbstredend kann auch durch ein solches Verfahren das zu erwartende höchste Maximum oder niedrigste Minimum des Gesamtertrages nicht erreicht werden, weil eben nicht für alle Länder die betreffenden Zahlen zu Gebote stehen. Aber schon die hier gewonnenen Zahlen zeigen an, in welchen Gegensätzen sich eine Jahresernte bewegen kann und geben zu verstehen, was ein gutes oder schlechtes Erntejahr für die Weltwirtschaft wie die Spezialökonomie der einzelnen Länder zu bedeuten hat. Denn der Unterschied zwischen einer Durchschnitts- und einer Maximalernte der Erde entspricht einem Mehr gleich etwa dem mittleren Ertrage der Vereinigten Staaten, der Unterschied zwischen einer Durchschnitts- und einer Minimalernte dagegen repräsentiert etwa den mittleren Ertrag von ganz Asien. Drückt man aber die hier behandelten Verhältnisse in Geldwerten aus, so stellt eine mittlere Jahresernte der in die Tabelle aufgenommenen Länder (1 hl = 10 Mk.) die Summe von 7 891 Mill. Mk. dar; eine Maximalernte liefert ein Plus von 1 554 Mill. Mk., eine Minimalernte aber ein Minus von 1 334 Mill. Mk. Daraus kann man ermessen, welchen Einfluß schon die Weizenfrage auf das Wirtschaftsleben ausübt.

Ordnen wir nun die Länder nach dem absoluten Mittelertrage, so entsteht die folgende Reihe:

Vereinigte Staaten	165,4 Mill. hl	Italien	43,9 Mill. hl
Frankreich	104,1 „ „	Deutsches Reich	38,4 „ „
Britisch-Indien	96,2 „ „	Spanien	29,1 „ „
Rußland	86,7 „ „	Großbritannien	27,4 „ „
Österreich-Ungarn	53,8 „ „	Rumänien	15,8 „ „

Weizen-Erntemenge.

Canada	13,5 Mill. hl		Ägypten	3,0 Mill. hl	
Kleinasien	13,0 „	„	Portugal	2,2 „	„
Australasien	12,8 „	„	Niederlande	2,0 „	„
Bulgarien	12,5 „	„	Serbien	1,9 „	„
Türkei	11,9 „	„	Dänemark	1,8 „	„
Belgien	8,1 „	„	Griechenland	1,6 „	„
Algerien	8,1 „	„	Schweiz	1,3 „	„
Persien	7,9 „	„	Schweden	1,3 „	„
Argentinien	6,5 „	„	Kapland	1,3 „	„
Sibirien	5,3 „	„	Tunesien	1,0 „	„
Chile	4,7 „	„	Norwegen	0,1 „	„
Japan	4,5 „	„	Finnland	0,04 „	„
Mexiko	4,0 „	„			

Diese Reihenfolge ändert sich wesentlich, wenn, wie es im Folgenden geschehen soll, die Ernte in ein Verhältnis zur Kopfzahl eines jeden Landes gesetzt wird. Dieses Verhältnis ist insofern sehr wichtig, weil es andeutet, wie sich die Produktion zur Konsumtion stellt.

Bulgarien	400 Liter		Serbien	88 Liter
Australasien	330 „		Dänemark	83 „
Frankreich	272 „		Deutsches Reich	78 „
Canada	266 „		Großbritannien	76 „
Vereinigte Staaten	262 „		Griechenland	73 „
Rumänien	253 „		Tunesien	66 „
Algerien	212 „		Portugal	46 „
Spanien	168 „		Schweiz	45 „
Argentinien	160 „		Niederlande	44 „
Chile	148 „		Brit. Ostindien	44 „
Belgien	133 „		Mexiko	35 „
Italien	132 „		Schweden	27 „
Kapland	129 „		Japan	11 „
Österreich-Ungarn	126 „		Norwegen	5 „
Sibirien	123 „		Finnland	2 „
Rußland	92 „			

Die Ernteerträge wechseln aber nicht nur nach den Jahren und Ländern, sondern zeigen auch in den verschiedenen Teilen ein und desselben Landes eine große Mannigfaltigkeit. Im deutschen Reich trug im Mittel der Jahre 1879—88 ein Hektar 17 hl; das höchste Ergebnis fällt in das Jahr 1887 mit 19,1 hl, das niedrigste in das Jahr 1881 mit 14,69 hl. Das Jahr 1889 blieb, mit 15,7 hl, unter dem Mittel zurück. Die reichsten Ernten werden durchschnittlich in Braunschweig, 31,4 hl auf den ha, erzielt. Daran schließen sich Mecklenburg-Schwerin, Anhalt u. a. an. Die

26 Anbauflächen und Produktionsmengen der Getreidearten ꝛc.

spärlichsten Erträge ergaben durchschnittlich Sachsen-Meiningen, 11,89 hl, und Ostpreußen. Letzteres hat 1889 sogar nur 8 hl auf dem ha gewonnen. Der Unterschied zwischen einer durchschnittlichen Maximal- und Minimalernte im deutschen Reich beläuft sich auf 9,7 Mill. hl oder in Geld ausgedrückt auf mindestens 97 Mill. Mk.

Im Anschluß an das eben Gesagte ist es nun von großem Interesse zu ersehen, wie sich die Durchschnittserträge per Hektar in anderen Ländern gestalten. Dieselben sind nach der mittleren Höhe des Ertrages geordnet in

Dänemark	31,0 hl	Ungarn	12,44 hl
Großbritannien	25,8 „	Kroatien-Slavonien	11,52 „
Irland	24,2 „	Italien	10,6 „
Niederlande	22,7 „	Serbien	10,5 „
Norwegen	22,3 „	Vereinigte Staaten	10,4 „
Belgien	19,6 „	Australasien	10,0 „
Deutsches Reich	17,0 „	Brit. Indien	8,7 „
Frankreich	15,04 „	Rußland	6,7 „
Österreich	14,27 „	Algerien	6,0 „

In einigen Ländern sind mir die Erträge nur von je einem Jahre bekannt. Diese sind:

die Schweiz 1885	17,9 hl	Serbien 1889	10,5 hl
Griechenland 1875	10,0 „	Japan 1882	12,1 „
Portugal 1885	7,6 „		

Aus dieser Zusammenstellung ersieht man, in welchem Umfange die Durchschnittserträge von Land zu Land wechseln, aber der allgemeine Eindruck geht doch dahin, daß die höchsten Erzeugungen in der Umgebung der Nordsee erzielt werden. Ohne Zweifel liegt der Hauptgrund für diese Erscheinung in der Sorgfalt des Anbaues. Ob noch andere Ursachen mit hineinspielen, wäre wohl der Untersuchung wert. Anderseits ist zu beachten, daß die Minima in Rußland und in den jung kolonisierten auswärtigen Ländern liegen, in denen Land in solcher Fülle zu Gebote steht, daß man die Kultur noch nicht mit der äußersten Sorgfalt betreiben zu müssen glaubt. Daß die mittleren Erträge nach und nach in erheblichem Maße gesteigert werden können, das lehrt das Beispiel Frankreichs. Aus einer von Juraschek mitgeteilten Skala hebe ich die folgenden Zahlen heraus. In Frankreich gewann man

1815: 8,59 hl per ha   1880: 14,57 hl per ha
1835: 11,36 „   „ „   1887: 16,14 „   „ „

Welche Geldwerte durch die Weizenerzeugungen jährlich hervorgebracht werden, das wurde schon früher angedeutet, aber dort diente als Maßstab der Berechnung eine Mittelzahl. Da sich nun aber die Erzeugungs- und Verkaufspreise in jedem Lande anders stellen, so ist es nötig, die Werte,

Weizen-Wert.

so weit dies möglich ist, nach der amtlichen Statistik oder den amtlichen Durchschnittspreisen meist des Jahres 1887 anzugeben. Nur wo dazu die Handhaben fehlten, wurde eine Mittelzahl (1 hl = 10,23 Mk.) zu Grunde gelegt. Diese Fälle sind mit einem * angemerkt.

Belgien	103,52	Mill. Mk.
*Bulgarien	75,79	,, ,,
Dänemark	21,22	,, ,,
Deutsches Reich	563,23	,, ,,
Frankreich	1 613,37	,, ,,
*Griechenland	16,16	,, ,,
Großbritannien	314,62	,, ,,
Italien	651,89	,, ,,
Niederlande	28,24	,, ,,
Österreich-Ungarn	752,68	,, ,,
*Kroatien-Slavonien	19,33	,, ,,
*Bosnien	9,41	,, ,,
*Portugal	20,76	,, ,,
*Rumänien	150,00	,, ,,
Rußland	523,10	,, ,,
*Polen	54,01	,, ,,
Finnland	0,65	,, ,,
Schweden	17,80	,, ,,
Norwegen	1,04	,, ,,
Schweiz	18,71	,, ,,
Serbien	19,43	,, ,,
Spanien	334,24	,, ,,
Türkei	86,95	,, ,,
	5 397,15	Mill. Mk.
Canada	132,17	,, ,,
Vereinigte Staaten	1 304,52	,, ,,
*Mexiko	40,92	,, ,,
Chile	61,38	,, ,,
Argentinien	66,49	,, ,,
Amerika	2 605,48	Mill. Mk.
Kleinasien	130,00	,, ,,
Persien	79,00	,, ,,
Brit. Indien	984,12	,, ,,
*Japan	46,03	,, ,,
*Sibirien	54,21	,, ,,
Asien	1 293,36	Mill. Mk.

Ägypten . . . . 76,81 Mill. Mk.
Algerien . . . . 76,92 „   „
*Kapland . . . . 13,30 „   „
*Tunesien . . . . 10,23 „   „
Afrika . . . . . . 177,26 Mill. Mk.
Australasien . . . . . 130,00 „   „
Gesamtsumme 9 603,25 Mill. Mk.

2. Der Roggen.

Der Roggen gilt als eine wesentlich jüngere Kulturpflanze denn der Weizen, da er den Ackerbauern früherer Zeiten, wie den Chinesen, den Ägyptern und Griechen unbekannt gewesen zu sein scheint und sein Name sich weder in den semitischen Sprachen noch im Sanskrit und dessen Tochtersprachen vorfindet. Erst Plinius spricht von Secale, welches am Fuße der Alpen kultiviert werde, und Galenus erzählt von Roggenbau in Thracien und Macedonien. Frühzeitig erscheint dieser auch in Nord- und Osteuropa eine Pflegestätte gefunden zu haben, insofern in den ältesten Zweigen der germanischen und slavischen Sprachen der Roggen vorkommt. Die vorhin genannten Gebiete sind es auch heute noch, in denen er in absolutem wie relativem Sinne am stärksten hervorgebracht wird. Im Gegensatz zu dem Weizen hat er in die Kolonialländer und auswärtigen Tochterstaaten wenig Eingang gefunden, und da ihn auch die ostasiatischen Kulturländer nicht kennen, so genießt er eine weit geringere Verbreitung als der übrigens auch wertvollere Weizen.

Über die Anbauflächen des Roggens, soweit sie entweder unmittelbar den amtlichen Veröffentlichungen entnommen oder durch Berechnung ermittelt wurden, giebt die nachstehende nach Ländern geordnete Tabelle 3 Auskunft.

Tabelle 3.
Die Anbauflächen des Roggens.

	Jahr	Fläche in Hektar	Verhältnis zur Gesamtbodenfläche in ⁰/₀₀	Verhältnis des Ackerl. zum Gesamtareal.
Belgien . . .	1880	303 365	104	539
mit Halbfrucht				
Bulgarien . . .		305 000	32	302
mit Halbfrucht				
Dänemark . .	1881	268 000	71	425
Deutsches Reich .	1889	5 801 889	108	484
Frankreich .	1888	1 915 000	36	500
mit Halbfrucht				
Griechenland . .	1875	58 425	9	140
mit Halbfrucht				
Großbritannien .	1889	34 530	1	188

Roggen-Anbaufläche. 29

	Jahr	Fläche in Hektar	Verhältnis zur Gesamtbodenfläche in º/₀₀	Verhältnis des Ackerl. zum Gesamtareal.
Italien ...	1879/83	160 000	6	399
Niederlande ..	1887	204 018	62	574
Österreich-Ungarn	1889	3 158 092	Öst. 64 Ung. 39 50	367 409
Bosnien		11 800	2	247
Portugal ...	1885	273 487	31	224
Rumänien ..	1887	190 000	15	293
Rußland ...	1881	26 143 800	52	526
Finnland ...		300 000	8	23
Schweden ...		370 065	8	78
Norwegen ... mit Mengkorn	1875	35 507	1	21
Schweiz ...	1885	34 840	8	164
Serbien ...	1889	60 000	12	239
Spanien ...		750 000	15	354
Türkei ...		470 000	23	
Europa ..		40 851 818		
Ver. Staaten ..		862 245	0,8	153
Sibirien ...		478 000	0,4	
Algerien ...		408		
Ausw. Länder		1 340 653		
Gesamtsumme		42 192 471		

Rußland ist demnach das weitaus wichtigste Roggenbauland, indem es mehr als die Hälfte der bezifferten Beträge für sich in Anspruch nimmt. Außer in Rußland behauptet bezüglich der Anbauflächen der Roggen den ersten Rang unter den betr. Arealen im Deutschen Reiche, in Österreich und in Finnland. In Bezug auf das Verhältnis der Roggenanbaufläche zum Gesamtareal entsteht das folgende Verhältnis:

Deutsches Reich ...	108 º/₀₀	Portugal	31	º/₀₀
Belgien	104 „	Türkei	23	„
Dänemark	71 „	Rumänien	15	„
Österreich allein ...	64 „	Spanien	15	„
Niederlande	62 „	Serbien	12	„
Rußland	52 „	Griechenland	9	„
Österreich-Ungarn ...	50 „	Schweiz	8	„
Ungarn allein	39 „	Finnland	8	„
Frankreich	36 „	Schweden	8	„
Bulgarien	32 „	Italien	6	„

30 Anbauflächen und Produktionsmengen der Getreidearten ꝛc.

Bosnien	2 ⁰/₀₀		Vereinigte Staaten	0,8 ⁰/₀₀
Großbritannien	1 „		Sibirien	0,4 „
Norwegen	1 „			

Diese Reihe erfährt die nachstehende Umgestaltung, wenn man das Verhältnis des Roggenareals zum gesamten Ackerland setzt:

Finnland	35 %		Frankreich	7 %
Deutsches Reich	23 „		Griechenland	6 „
Niederlande	23 „		Rumänien	5 „
Rußland	20 „		Norwegen	5 „
Belgien	19 „		Schweiz	5 „
Dänemark	17 „		Serbien	5 „
Österreich	17 „		Spanien	4 „
Portugal	14 „		Italien	1 „
Bulgarien	11 „		Bosnien	0,9 „
Schweden	10 „		Großbritannien	0,5 „
Ungarn	9 „		Vereinigte Staaten	0,4 „

Im Deutschen Reiche gestaltet sich das Roggenareal in absoluten und relativen Zahlen wie folgt:

	Anbaufläche in ha	Verhältnis zur Gesamtfläche in ⁰/₀₀
Ostpreußen	405 486	137
Westpreußen	353 779	142
Pommern	408 576	136
Mecklenburg-Strelitz	28 151	97
Mecklenburg-Schwerin	167 344	126
Lübeck	3 549	119
Schleswig-Holstein	144 078	76
Hannover	414 480	108
Hamburg	3 266	79
Bremen	1 878	73
Oldenburg	62 554	97
Westfalen	233 739	117
Lippe-Schaumburg	4 598	136
Lippe	14 930	123
Rheinland	231 567	79
Hessen-Nassau	136 567	87
Waldeck	10 009	89
Braunschweig	38 504	104
Provinz Sachsen	335 930	133
Anhalt	29 312	125
S.-Weimar	30 526	85

Roggen-Anbaufläche.

	Anbaufläche in ha	Verhältnis zur Gesamtfläche in º/₀₀
S.-Meiningen	17 774	72
S.-Altenburg	16 748	126
S.-Coburg-Gotha	12 677	79
Schwarzburg-Rudolstadt	7 163	76
Schwarzburg-Sondershausen	5 526	67
Reuß ä. L.	3 471	109
Reuß. j. L.	7 497	91
Königreich Sachsen	211 943	141
Brandenburg	602 158	152
Posen	523 623	181
Schlesien	608 095	151
Bayern rechtsrh.	501 733	72
Württemberg	36 792	19
Hohenzollern	1 029	9
Hessen	63 501	82
Baden	45 279	30
Bayern linksrh.	41 882	71
Elsaß-Lothringen	36 175	25

Den stärksten Anteil am Roggenbau hat nach der vorstehenden Reihe der Osten Deutschlands, dem Reichsdurchschnitt (108) entspricht die Provinz Hannover, unter dem Durchschnitt stehen der Nordwesten, der Westen, ein großer Teil der Mitte und der ganze Süden; das Minimum aber kommt denjenigen Gebieten zu, welche im Weizenbau das Maximum besitzen. Man vergleiche überhaupt die obenstehenden Verhältnisse mit den auf S. 15 gegebenen Darlegungen. Im übrigen bleibt sich die Ackerfläche von Jahr zu Jahr ziemlich gleich; eine Zunahme derselben hat aber in letzter Zeit nicht stattgefunden, eher eine Abnahme; im Jahre 1887 hatte sie 5,93 Mill. Hektar = 11% der Gesamtfläche und 23% der Ackerfläche ausgemacht.

In Rußland finden wir den Roggenbau als den landwirtschaftlichen Hauptbetrieb über alle Gouvernements verbreitet, aber mit dem Unterschiede, daß der Norden, Osten und Süden den geringsten, die Mitte im allgemeinen den größten Anteil im Verhältnis zum Ackerland nehmen. Der absolut höchste Prozentsatz wird in den amtlichen Veröffentlichungen mit „mehr als 30% des Ackerlandes" angegeben, was etwa dem Durchschnittsmaß von Finnland entspricht. Von den Gouvernements der Nichtschwarzerde sind es Smolensk, Wladimir, Kostroma, Nischni-Nowgorod, Wjatka und Mohilew, welche den höchsten Prozentsatz aufweisen; von den Gouvernements der Schwarzerde dagegen gehören dazu Tula, Rjäsan, Pensa, Tschernigew und Sfimbirsk. In Finnland ist der Roggenbau bis zum 64° ganz allgemein zu finden; man treibt ihn auch noch unter dem Polarkreis, noch nördlicher wird er immer unsicherer und schlägt oft ganz fehl, indes hat man die Frucht selbst bei 68° zu Muonioniska reifen sehen.

In der nachstehenden Tabelle 4 sind die Erntemengen nach Durchschnitten, jährlichen Maxima und Minima in derselben Weise wie beim Weizen nach Ländern angeordnet.

Tabelle 4.
Die Erntemengen des Roggens.

	Meist Durchschnitt Mill. hl	Auf den Kopf der Bev. hl	Maxim. der Prod. Mill. hl	Minim. der Prod. Mill. hl
Belgien	5,9	0,96	6,4	5,3
Bulgarien (mit Halbfrucht)	3,0	0,97		
Dänemark	5,9	2,72	6,2	5,5
Deutsches Reich	80,6	1,63	87,6	73,7
Frankreich	24,3	0,63	25,3	22,3
Griechenland				
Großbritannien	0,6	0,01		
Italien	1,7	0,05		
Luxemburg				
Niederlande	3,7	0,82	4,9	
Österreich-Ungarn mit Bosnien	43,2	1,01	51,7	30,2
Portugal	1,7	0,36		
Rumänien	1,0	0,18	5,0	1,0
Rußland	250,6	2,68	277,1	207,4
Finnland	3,8	1,65	4,6	
Schweden	7,2	1,53	7,6	7,0
Norwegen	0,4	0,20		
Schweiz	0,7	0,24		
Serbien	0,6	0,28	1,0	0,6
Spanien	7,4	0,43		
Türkei	4,7	0,94		
	447,0	1,25	497,6	389,6
Sibirien	4,8	1,10		
Vereinigte Staaten	8,7	0,14	10,0	7,3
Canada	0,7	0,14		
Algerien	0,01	—		
Tunesien	1,0	0,66		
Auswärtige Länder	15,2		16,5	13,8
Gesamtsumme	462,2		514,1	403,4

Roggen-Erntemenge.

Aus der Tabelle 4 geht zunächst mit voller Schärfe das gewaltige Übergewicht der europäischen Roggenerzeugung über die auswärtige hervor, und für Europa wiederum die ausgesprochene Vorherrschaft Rußlands. Der Unterschied zwischen einer Maximal- und Minimalernte dieses Landes kommt beinahe einer Mittelernte des Deutschen Reiches oder dem sechsten Teile der Gesamternte Europas gleich. Immerhin ist es bemerkenswert, daß in Bezug auf das Verhältnis der mittleren Roggenerzeugung zur Kopfzahl Rußland nicht in erster Linie steht, sondern diesen Platz dem kleinen Dänemark einräumt. Nach dem genannten Verhältnis ordnen sich nämlich die Länder wie folgt:

Dänemark	. .	272 Liter	Frankreich	. .	63 Liter
Rußland	. . .	268 „	Spanien	. . .	43 „
Finnland	. . .	165 „	Portugal	. . .	36 „
Deutsches Reich	.	163 „	Serbien	. . .	28 „
Schweden	. . .	153 „	Schweiz	. . .	24 „
Sibirien	. . .	110 „	Norwegen	. . .	20 „
Österreich-Ungarn		101 „	Rumänien	. . .	18 „
Bulgarien	. .	97 „	Verein. Staaten		14 „
Belgien	. . .	96 „	Canada	. . .	14 „
Türkei	. . .	94 „	Italien	. . .	5 „
Niederlande	. .	82 „	Großbritannien	.	1 „
Tunesien	. . .	66 „			

Die Ergiebigkeit des Roggens ist im Durchschnitt geringer als die des Weizens. Im Deutschen Reiche erntete man im Mittel der Jahre 1879/88 auf dem Hektar durchschnittlich 13,6 hl, im günstigsten Falle 15 hl (1882), im ungünstigsten 12,8 hl. Je nach den einzelnen Gebieten zeigt das Mittelmaß bedeutende Gegensätze; während man z. B. in Schaumburg-Lippe 27,1 hl auf dem Hektar erzielt, bringt man es in Ost- und Westpreußen nur zu 11,1 hl. Im Jahre 1882, dem besten Roggenjahre letzter Zeit, war der Ertrag in Schaumburg-Lippe durchschnittlich auf 32 hl gestiegen, während er im Jahre 1889, dem wenigst guten Roggenjahre, in Ostpreußen auf 8,2 hl sank.

Ein solcher Wechsel in der Ergiebigkeit wiederholt sich, wenn man die deutschen Verhältnisse (13,6 hl) mit denen des Auslandes vergleicht. In der folgenden Reihe der durchschnittlichen Roggenerträge per Hektar sind mit Ausnahme von Portugal nur Jahresmittel aufgenommen.

Norwegen	.	23,5 hl	Österreich	.	13,48 hl	Serbien	. .	10,0 hl
Dänemark	.	21,7 „	Ungarn	.	11,67 „	Rußland	. .	9,0 „
Belgien	. .	20,0 „	Italien	. .	11,50 „	Portugal	. .	6,7 „
Niederlande	.	17,2 „	Kroat.-Slav.		10,53 „			
Frankreich	.	13,9 „	Ver. Staaten		10,44 „			

Anbauflächen und Produktionsmengen der Getreidearten ꝛc.

Hierbei ist gewiß bemerkenswert, daß Rußland, das Hauptroggenland, fast die niedrigsten Durchschnittserträge aufweist, die überhaupt erzielt werden. Die durch die Roggenerzeugung gewonnenen Wertsummen sind in der nachstehenden Reihe in derselben Weise abgeleitet und behandelt, wie auf Seite 27 beim Weizen. (1 hl = 5,92 Mk.)

Belgien	50,14 Mill. Mk.
*Bulgarien	18,04 „ „
Dänemark	39,95 „ „
Deutsches Reich	818,10 „ „
Frankreich	226,77 „ „
Großbritannien	5,11 „ „
Italien	17,88 „ „
Niederlande	38,50 „ „
Österreich	288,18 „ „
Ungarn	165,50 „ „
*Kroatien-Slavonien	6,01 „ „
*Bosnien	0,71 „ „
*Portugal	10,89 „ „
*Rumänien	29,60 „ „
Rußland	938,00 „ „
*Polen	90,01 „ „
Finnland	32,11 „ „
Schweden	69,70 „ „
*Norwegen	1,88 „ „
Schweiz	7,58 „ „
Serbien	3,55 „ „
Spanien	39,09 „ „
Türkei	27,82 „ „
Europa	2925,12 Mill. Mk.
*Sibirien	28,30 „ „
Vereinigte Staaten	47,45 „ „
*Canada	4,26 „ „
Algerien	0,06 „ „
Tunesien	5,92 „ „
Auswärtige Länder	85,99 Mill. Mk.
Die ganze Erde	3011,11 Mill. Mk.

3. Der Mais.

Nächst dem Weizen und Roggen muß als Nahrungslieferant unbedingt der Mais angesehen werden, wenn er nicht von diesem Standpunkte aus noch vor dem Roggen zu nennen gewesen wäre. Betreffs der geographischen

Mais-Anbaufläche.

Verbreitung übertrifft er die letztgenannte Getreideart jedenfalls um ein ganz Bedeutendes, denn er wird nicht nur in den Tropen, sondern auch in den Subtropen und in den wärmeren Strichen des gemäßigten Klimas gebaut. Aber seine Anbauflächen, seine Produktionsmengen und Wertsummen zu bestimmen, ist noch viel schwieriger als bei den andern Getreidearten, weil man von großen Strichen Amerikas und Afrikas, wo er kultiviert wird, nichts Genaues weiß. Wie bekannt, ist das Vaterland der Maispflanze in Amerika zu suchen, von wo er sich hauptsächlich durch die Spanier in die alte Welt verbreitet hat.

Die Anbauflächen des Mais sind, soweit sie ermittelt werden konnten, in der Tabelle 5 zusammengestellt.

Tabelle 5.
Anbauflächen des Mais.

	Jahr	Fläche in Hektar	Verhältnis zum Gesamtareal in ⁰/₀₀	Verhältnis der Ackerfl. zum Gesamtareal in ⁰/₀₀
Bulgarien		624 000	65	302
Deutsches Reich . . .		10 000		
Frankreich	1888	571 000	11	500
Griechenland	1875	61 816	9	140
Italien	1879/83	1 893 000	66	399
Österreich-Ungarn . . .	1889	2 642 329 [Öst. 13] [Ung. 69] 42		367} 409}
Bosnien		189 200	37	247
Portugal	1885	295 549	33	224
Rumänien	1887	1 386 760	107	293
Rußland	1881	602 000	1	216
Serbien	1889	380 000	79	239
Spanien		778 800	16	354
Türkei		300 000	17	
Europa		9 734 444		
Canada		250 000	0,3	
Vereinigte Staaten . .	1889	31 697 469	35	153
Mexiko		2 328 000	12	
Argentinien	1887	801 563	3	
Ägypten	1888	288 180	107	
Algerien	1887	12 900	0,2	
Japan	1881	21 000	0,7	
Australasien . . .	1888	103 924	0,1	
Auswärtige Erdteile		35 703 035		
Gesamtsumme		45 437 480		

Aus dieser Tabelle geht das ungeheure Übergewicht der Vereinigten Staaten auf das schlagendste hervor. Immerhin ist es bemerkenswert, daß deshalb Staate nach dem Verhältnis des Maisareals zum Gesamtareal der erste Platz keineswegs zukommt, sondern dieser dem Königreich Rumänien zugesprochen werden muß, an das sich dann erst noch Serbien, Bulgarien, Italien, Österreich-Ungarn und Bosnien anschließen. Berücksichtigt man dagegen das Verhältnis der Maiskultur zur gesamten Ackerfläche, so entsteht die folgende Reihe:

Rumänien	36 %		Portugal	10 %
Serbien	33 „		Griechenland	6 „
Vereinigte Staaten	23 „		Spanien	4 „
Bulgarien	21 „		Österreich	3 „
Ungarn	17 „		Frankreich	2 „
Italien	16 „		Rußland	0,4 „
Bosnien	15 „			

Bezüglich der Maiserzeugung sind es die Vereinigten Staaten, welche das Hauptinteresse in Anspruch nehmen schon dadurch, daß dieser Betrieb bisher nicht aufgehört hat, in rapider Weise um sich zu greifen. Von 1871, dem ersten Jahre, über das genauere Zahlen vorliegen, bis 1889 wuchs die Anbaufläche von 34,09 Mill. Acres auf 78,32 Mill. Acres; sie wurde also durchschnittlich in jedem Jahre um 2,456 Mill. Acres oder 992 780 ha gesteigert. Letztere Größe aber entspricht dem halben Areal der Provinz Westfalen. Über das Jahr 1888 liegen mir genauere Zahlen vor. Aus diesen geht hervor, daß in Wyoming, Idaho, Nevada und Montana der Maisbau von verschwindender Bedeutung ist. Sehr gering, 1—10 %₀₀ des Areals, ist er in Californien, Colorado, Dakota, Maine, New-Hampshire, Neu-Mexiko, Oregon, Utah und Washington; gering, 11—50 %₀₀, in Connecticut, Florida, Louisiana, Massachusetts, Michigan, Minnesota, New-York, Pennsylvanien, Rhode Island, Texas, Vermont, West-Virginia und Wisconsin; mäßig stark, 51—100 %₀₀, in Alabama, Arkansas, Georgia, Mississippi, Nebraska, New-Jersey, Nord- und Süd-Carolina und Virginia; stark, 101—150 %₀₀, in Kansas, Kentucky, Maryland, Missouri, Ohio und Tennessee, sehr stark, 151—200 %₀₀, in Delaware und am stärksten, 201—219 %₀₀, in Illinois und Jowa. Nach der absoluten Zahl hatten die größten Anbauflächen:

Illinois	7 788 763 Acres	Kansas	5 924 566 Acres
Jowa	7 771 840 „	Texas	4 814 363 „
Missouri	6 534 921 „	Nebraska	4 097 067 „

Der Staat Illinois allein hat also eine größere Anbaufläche, als die österreichisch-ungarische Monarchie.

Mais-Erntemenge.

Der mittlere Jahresertrag an Mais, sowie die Maxima und Minima einzelner Jahre werden durch die folgende Zahlenreihe dargestellt:

	Mittlerer Jahresertrag in Mill. hl	hl auf auf den Kopf	Maximum Mill. hl	Minimum Mill. hl
Deutsches Reich	0,165			
Österreich-Ungarn	43,8	1,02	51,2	37,2
Rußland	6,3	0,07	8,0	4,0
Rumänien	22,5	4,01		
Bulgarien	6,24	1,98		
Serbien	3,8	1,76	4,7	
Türkei	3,0	0,70		
Griechenland	1,1	0,50		
Italien	28,8	0,93	30,6	25,6
Frankreich	9,4	0,24	12,9	8,9
Spanien	7,8	0,43		
Portugal	5,2	1,21		
Europa	138,105		152,405	125,505
Canada	4,5	0,90	6,5	3,3
Vereinigte Staaten	592,2	9,42	744,6	513,2
Mexico	46,56	4,00		
Argentinien	6,7	1,18	25,6	5,5
Chile	0,3	0,10		
Ägypten	4,7	0,69	5,0	4,4
Algerien	0,1	0,03	0,2	0,1
Japan	0,43	0,01		
Australasien	2,2	0,58	2,8	1,6
Die ausw. Länder	657,69		831,99	575,39
Gesamtsumme	795,795		984,395	700,895

Die außerordentliche Excentricität des Maisbaues in den Vereinigten Staaten wird sowohl durch die absoluten Ernteergebnisse als auch besonders durch das Verhältnis der Hektoliter — zur Kopfzahl in das schärffte Licht gesetzt. Ein solches Verhältnis steht nämlich in der ganzen Weltproduktion gänzlich vereinzelt und ohne gleichen da. Bei keiner Getreideart und in keinem Lande entfallen auf den Kopf mehr als 4 hl geschweige denn, daß irgendwo wieder die unerhörte Zahl von 9 hl erreicht würde. Auch in Bezug auf die durchschnittlichen Erträge stehen die Vereinigten Staaten an erster Stelle, indem hier der Hektar 20,6 hl, hervorbringt. Der Höhe des Betrages nach schließen sich an: Portugal mit 19 hl, Griechenland mit 18, Österreich mit 17,36, Ungarn mit 16,58, Italien mit 15,67,

Kroatien-Slavonien mit 13,17 und Rußland mit 10,4, den Schluß aber macht Serbien mit 10 hl auf den Hektar.

Durch die Maiskultur wurden 1887 etwa die folgenden Wertsummen hervorgebracht:

*Deutsches Reich	0,84 Mill. Mk.
*Österreich-Ungarn	254,31 „ „
*Rußland	35,65 „ „
*Rumänien	126,35 „ „
*Bulgarien	35,32 „ „
*Serbien	21,52 „ „
*Türkei	16,00 „ „
*Griechenland	6,28 „ „
Italien	309,44 „ „
Frankreich	92,41 „ „
*Spanien	44,08 „ „
*Portugal	31,81 „ „
Europa	965,01 Mill. Mk.
Canada	17,52 „ „
Vereinigte Staaten (87) . .	2 713,62 „ „
Mexico	246,76 „ „
Argentinien	87,92 „ „
Chile	1,60 „ „
Ägypten	26,60 „ „
Algerien	0,56 „ „
Japan	1,30 „ „
Australasien	12,45 „ „
Ausw. Länder	3 058,35 „ „
Gesamtsumme	4 023,36 Mill. Mk.

4. Die Gerste.

Zu den vorher besprochenen Getreidearten stehen die noch übrigen Cerealien insofern in einem gewissen Gegensatze, als sie entweder wie Gerste und Hafer, nicht in erster Linie dem Nahrungszwecke dienen oder wie Buchweizen und Hirse für den europäischen Verbrauch nur wenig ins Gewicht fallen. Immerhin gehören sie mit hierher, teils wegen der hohen Wertbeträge, die sie erzeugen, und der mannigfachen Verwendung, deren sie fähig sind, teils wegen der speziellen Wichtigkeit, die sie für manche Gegenden erlangt haben, teils endlich wegen der genügsamen Anforderungen, die sie an Boden und Klima stellen. Sie eignen sich daher auch zum Anbau in solchen Gegenden, in welchen die wertvolleren Cerealien keinen lohnenden Ertrag mehr geben oder gar nicht gebaut werden können.

Unter diesen Cerealien gebührt der Gerste wegen des hohen Alters ihrer Kultur der Vorrang. Denn von ihr und ihrem Anbau sprechen nicht nur die ältesten sprachlichen Urkunden, sondern sie wurde auch in den Pfahlbauten der schweizer und oberitalienischen Seen aus einer Zeit gefunden, wo die Bewohner die Metalle noch nicht kannten. Von den verschiedenen Gerstenarten ist die zweizeilige in mehreren Ländern des östlichen Asiens gefunden worden. Also seit uralten Zeiten in den Mittelmeerländern, Vorder- und Ostasien gebaut, hat sie sich im Zusammenhang mit der modernen Kolonisation auch nach Amerika und Australien verbreitet. An Umfang der geographischen Verbreitung übertrifft sie demnach den Roggen und kommt dem Weizen nahe, den sie freilich weder in Bezug auf die Anbauflächen noch auf die Ertragsmenge erreicht.

Die Anbauflächen der Gerste, nach Ländern geordnet, sind in Tabelle 6 zusammengestellt.

Tabelle 6.
Die Anbauflächen der Gerste.

	Jahr	Fläche in Hektar	Verhältnis zum Gesamtareal in °/₀₀	Verhältnis d. Ackerfläche zum Gesamtareal in °/₀₀
Belgien	1880	40 181	14	539
Bulgarien		250 000	26	
Dänemark	1881	317 500	84	425
Deutsches Reich	1889	1 685 000	31	484
Frankreich	1888	894 000	16	500
Griechenland	1875	67 910	11	140
Großbritannien	1889	937 997	29	188
Italien	1879/83	338 000	12	399
Niederlande	1887	45 077	14	274
Österreich-Ungarn	1889	2 208 835	35	367/409
Bosnien		83 000		247
Portugal	1885	126 609	14	224
Rumänien	1887	513 211	39	293
Rußland	1881	5 304 800	11	216
Finnland		120 000	3	23
Schweden		237 856	5	78
Norwegen	1875	55 897	1,7	21
Schweiz	1885	13 602	4	164
Serbien	1889	70 000	15	239
Spanien		1 450 000	29	354
Türkei		467 000	26	
Europa		15 206 475		

Anbauflächen und Produktionsmengen der Getreidearten 2c.

	Jahr	Fläche in Hektar	Verhältnis zum Gesamtareal in °/₀₀	Verhältnis d. Ackerfläche zum Gesamtareal in °/₀₀
Canada	1881/86	326 430	0,4	
Vereinigte Staaten	1886	1 105 245	1,2	153
Argentinien		28 672	0,1	
Ägypten		245 346	91	
Algerien		1 299 257	19	
Kapland		11 745	0,2	
Sibirien		145 000	0,1	
Japan		1 089 077	28	
Australasien		40 443	0,05	
Auswärtige Länder		4 289 215		
Gesamtsumme		19 495 690		

Die größte Bedeutung vom Standpunkte der Ackerfläche hat die Gerste für Dänemark, hinter dem, wie sich aus den beigesetzten Verhältniszahlen ergiebt, alle andern Länder zurückbleiben. Charakteristisch ist aber der Umstand, daß die Gerste in keinem Lande die erste Stelle einnimmt und nur in wenigen, wie in Dänemark, sich den zweiten Platz zu erringen gewußt hat. Außer den in der Tabelle 6 angeführten Ländern sind es noch Persien, Kleinasien, Syrien, in denen Gerste erzeugt wird.

Über die Erntemengen der Gerste nach Durchschnitt, möglichem Maximum und Minimum giebt die Tabelle 7 Auskunft.

Tabelle 7.
Erntemenge der Gerste.

	Mittelertrag Mill. hl	Maximum Mill. hl	Minimum Mill. hl
Belgien	1,3		1,2
Bulgarien	3,7		
Dänemark	7,8	8,5	7,0
Deutsches Reich	35,0	37,1	30,8
Frankreich	18,2		15,8
Griechenland	0,8		
Großbritannien	28,5	31,2	25,4
Italien	3,6		2,6
Niederlande	1,7	1,9	
Österr.-Ung. m. Bosnien	35,4	42,2	29,8
Portugal	0,7		
Rumänien	4,8		
Rußland	50,7	62,5	38,7
Zu übertragen	187,2		

Gerste-Erntemenge.

	Mittelertrag Mill. hl	Maximum Mill. hl	Minimum Mill. hl
Übertrag	187,2	—	—
Finnland	1,9	2,2	
Schweden	5,6		4,4
Norwegen	1,6		
Schweiz	0,3		
Serbien	1,1	1,5	
Spanien	17,4		
Türkei	4,4		
Europa	225,5	250,5	196,1
Sibirien	1,3		
Japan	19,1		
Ägypten	3,4	4,0	3,3
Algerien	12,3	14,8	10,8
Canada	7,7	10,5	7,1
Vereinigte Staaten	17,8	22,5	
Chile	1,0	2,0	
Australasien	0,9	1,1	0,7
Auswärtige Länder	64,3	76,1	61,9
Gesamtsumme	289,8	326,6	258,0

Die durchschnittlichen Erträge an Gerste betrugen im Deutschen Reiche im Mittel der Jahre 1879/80: 20,3 hl, der höchste Durchschnittsertrag, 21,5 hl, fiel in das Jahr 1883, der niedrigste, 17,9 hl, in das Jahr 1889. Von den einzelnen Teilen des Deutschen Reiches lieferte den höchsten Satz das Herzogtum Anhalt mit 32,5 hl, den tiefsten die Provinz Ostpreußen mit 12,8 hl, i. J. 1889 aber nur 10 hl.

Die übrigen Länder, von denen Mittelerträge bekannt sind, stellen sich wie folgt:

Niederlande	38,3 hl		Schweiz	15,4 hl
Irland	29,2 „		Ungarn	15,3 „
Großbritannien	28,6 „		Kroatien-Slavonien	12,5 „
Norwegen	29,5 „		Italien	11,4 „
Belgien	28,1 „		Algerien	10,0 „
Dänemark	25,0 „		Rußland	9,4 „
Vereinigte Staaten	18,9 „			
Frankreich	18,2 „		Griechenland 1875	11,5 „
Serbien	15,7 „		Portugal 1885	4,9 „
Österreich	15,6 „		Japan 1882	17,2 „

42 Anbauflächen und Produktionsmengen der Getreidearten ꝛc.

Die Wertmengen, welche die Gerste in den einzelnen Ländern im Jahre 1887 lieferte, sind nachstehend angeordnet:

	Mill. Mk.
Belgien	10,64
Bulgarien	24,57
Dänemark	58,60
Deutsches Reich	302,32
Frankreich	136,03
Griechenland	5,18
Großbritannien und Irland	226,77
Italien	37,42
Niederlande	12,97
Österreich-Ungarn mit Bosnien	337,70
Portugal	4,12
Rumänien	31,87
Rußland	209,19
Finnland	12,58
Schweden	37,37
Norwegen	10,49
Schweiz	2,88
Serbien	7,30
Spanien	115,20
Türkei	29,22
Europa	1712,43
Canada	51,13
Vereinigte Staaten	123,73
Chile	6,64
Ägypten	22,57
Algerien	81,67
Sibirien	8,63
Japan	126,82
Australasien	5,97
Auswärtige Länder	427,16
Gesamtsumme	2139,59

5. Der Hafer.

Der Hafer wird vielfach in größerem Maßstabe angebaut als die Gerste, aber da sein durchschnittlicher Wert wenig mehr als die Hälfte des Gerstenpreises ausmacht, so treten seine Wertsummen in manchen Ländern gegen seine ältere Schwester zurück. Denn als Kulturpflanze ist er erheblich jünger als diese. Er war den alten Ägyptern und Indern unbekannt. Unter „avena" verstanden die Römer, die, wie es heute noch vielfach im Oriente gebräuchlich ist, ihre Pferde mit Gerste fütterten, kein Kulturgewächs, sondern ein Unkraut, also den wilden Hafer. In ersterer Eigenschaft scheinen die Römer, nach Plinius, den Hafer erst von den Germanen kennen gelernt zu haben. Seine gegenwärtige Verbreitung außerhalb Europas bezieht sich hauptsächlich auf die europäischen Kolonien und auswärtigen Tochterstaaten, namentlich britogermanischen Ursprungs. Er ist demnach, wie früher, auch heute noch die Charakterpflanze der germanischen Rasse und zugleich der kälteren gemäßigten Zone; in den Tropen hat er keinen Eingang gefunden, ebensowenig in den subtropischen Kulturländern Ostasiens. Desgleichen wird er in den weitaus meisten Teilen Afrikas, Süd- und Mittelamerikas vermißt, denn hier erhalten die Pferde, wenn sie überhaupt einer Körnerfrucht gewürdigt werden, Mais.

Die Anbauflächen des Hafers sind auf der Tabelle 8 verzeichnet, aus der sich die absoluten und relativen Zahlen leicht ersehen lassen.

Tabelle 8.
Die Anbauflächen des Hafers.

	Jahr	Fläche in Hektar	Verhältnis zum Gesamtareal in °/₀₀	Verhältnis d. Ackerfläche zum Gesamtareal in °/₀₀
Belgien	1880	249 486	86	539
Bulgarien		210 000	22	
Dänemark	1881	403 000	106	425
Deutsches Reich	1889	3 886 627	72	484
Frankreich	1888	3 734 000	69	500
Griechenland	1875	4 078	0,6	140
Großbritannien	1889	1 676 928	53	188
Italien	1879/83	437 000	15	399
Niederlande	1887	115 448	35	274
Österreich-Ungarn	1889	2 993 646	46	367/409
Bosnien		50 000	10	247
Portugal	1885	154 197	17	224
Rumänien	1887	109 526	9	293
Rußland	1881	14 116 200	28	216
Finnland		100 000	3	23
Schweden		819 574	18	78
Norwegen	1875	90 628	fast 3	21
Schweiz	1885	49 634	12	164
Serbien	1889	50 000	10	239
Spanien		200 000	4	354
Türkei		50 000	3	
Europa		29 500 102		

Anbauflächen und Produktionsmengen der Getreidearten ꝛc.

	Jahr	Fläche in Hektar	Verhältnis zum Gesamtareal in º/₀₀	Verhältnis d. Äcerfläche zum Gesamtareal in º/₀₀
Canada	1881/86	722 115	0,8	
Vereinigte Staaten	1886	10 934 196	12	153
Argentinien	1887	2 371		
Algerien		50 526	0,8	
Kapland		46 526		
Sibirien		630 000	0,5	
Australasien		237 157	0,4	
Auswärtige Länder		12 622 891		
Gesamtsumme		41 122 993		

In der nachstehenden Tabelle 9 sind die Erntemengen nach Mittel, Maximum und Minimum, die durchschnittlichen Erträge per Hektar, sowie die Wertsummen für den Hafer zusammengestellt.

Tabelle 9.
Erntemengen, Durchschnittserträge und Wertsummen des Hafers.

	Mittlerer Ertrag in Mill. hl	Maxim.	Minim.	Durchschnittsertrag in hl per ha	Wertsumme in Mill. Mk.
Belgien	9,0	10,3	8,6	35,8	45,18
Bulgarien	2,9				11,22
Dänemark	11,1	12,0	9,4	27,5	53,28
Deutsches Reich	95,6	107,3	92,8	22,3	477,32
Frankreich	83,9	89,3	77,1	23,3	495,95
Großbritannien u. Irland	58,3	61,6	54,8	Irland 38,5 Großbrit. 32,4	312,58
Italien	6,1	6,3	5,4	14,8	37,54
Niederlande	4,4	5,2	4,3	35,3	22,93
Österreich-Ungarn-Bosnien	56,6	61,6	45,3	Österreich 18,5 Ungarn 17,3 Kroat.-Slav.14,3	276,94
Portugal	0,3				1,16
Rumänien	1,2				4,64
Rußland	196,6	227,7	146,9	13,2	442,23
Finnland	3,5	5,0			18,48
Schweden	19,3	22,1	17,5		97,20
Norwegen	3,2			35,6	12,12
Schweiz	1,8			16,7	12,02
Serbien	0,8			16,0	3,09
Spanien	2,6				10,18
Türkei	0,7				2,71
Europa	557,9	622,1	479,1		2 358,77

Hafer-Erntemenge.

	Mittlerer Ertrag in Mill. hl	Maxim.	Minim.	Durchschnittsertrag in hl per ha	Wertsummen in Mill. Mk.
Canada	31,7	37,4	30,4		123,31
Vereinigte Staaten	182,1	264,8		23,0	842,94
Algerien	0,8	1,2			3,10
Sibirien	8,3				32,88
Australasien	5,4	6,6	5,3		21,00
Auswärtige Länder	228,3	318,3	226,9		1 022,73
Gesamtsumme	786,2	940,4	706,0		3 381,50

6. Buchweizen und Hirse.

Buchweizen und Hirse stehen an geographischer Verbreitung wie bezüglich der Verwendung zu Nahrungszwecken und an Werterzeugung weit hinter den vorher behandelten Getreidearten zurück, wenn man sich bei der Beurteilung nur an die zur Verfügung stehenden Zahlen hält. Beim Buchweizen würde sich dies Verhältnis wenig ändern, auch wenn man von allen Ländern, in denen er gebaut wird, alle wünschenswerten Nachweise hätte. Anders aber steht es mit der Hirse. Dieselbe wird, wie schon früher angedeutet, nicht nur in ganz Afrika, sondern auch in Vorderindien und in China in größtem Maßstabe angebaut, und, wenn die indische Statistik. unter der Bezeichnung „andere Nahrungspflanzen außer Weizen und Reis" eine Anbaufläche von 79,5 Mill. Acres = 311 975 qkm mitteilt, so darf man annehmen, daß wohl die Hälfte davon auf die Hirse entfällt. Als Nahrungsmittel vom Standpunkte des Völkerlebens beurteilt, reiht sich diese Frucht ohne Frage den großen Kulturpflanzen, wie Weizen, Roggen und Mais ebenbürtig an, aber bei der mangelhaften Beschaffenheit der darauf bezüglichen Statistik ist man nicht in der Lage, einen Zahlenbeweis zu führen.

Das statistische Material ist, soweit es zur Verfügung steht, im Nachstehenden zusammengestellt.

Der Buchweizen.

	Anbaufläche in ha	Verhältnis zum Gesamtareal in ⁰/₀₀	Durchschnittsertrag per ha in hl	Mittelernte in tausend hl	Maxim. in tausend hl	Minim. in tausend hl
Belgien	13 184	4	20,78	279	289	262
Dänemark	112 184	29	24,7	2 775	3 176	
Deutsches Reich	201 991	4	11,1	2 247	2 355	1 753
Frankreich	608 000	11	16,2	9 951	10 578	8 479

46 Anbauflächen und Produktionsmengen der Getreidearten ꝛc.

	Anbaufläche in ha	Verhältnis zum Gesamtareal in %/oo	Durchschnittsertrag per ha in hl	Mittelernte in tausend hl	Maxim. in tausend hl	Minim. in tausend hl
Griechenland	5 831	0,9	9,0	52		
Niederlande	48 078	15	12,7	744	992	427
Österr.-Ungarn	422 000	6	11,1	4 682	4 815	3 630
Rumänien	110 817	9	6,5	712		
Rußland ohne Polen	4 003 400	8	5,9	23 519	28 109	15 177
Polen	200 000	16	5,9	1 190	1 217	1 163
Finnland	25 000	0,7	5,9	149	184	123
Schweden	1 000	0,02	5,9	5		
Serbien	55 000	11	6,5	360		
Türkei	6 000	0,3	6,5	32		
Europa	5 812 685			45 507	51 686	33 760
Canada	156 000	0,2	11,1	1 727		
Verein. Staaten	371 000	0,4	11,1	3 900	5 000	2 700
Japan	146 586	5	8,05	1 223		
Sibirien	23 000	0,02	5,9	136		
Ausw. Länder	696 586			5 986	7 086	4 786
Gesamtsumme	6 509 271			51 493	58 772	38 546

Die Hirse.

	Anbaufläche in ha	Verhältnis zum Gesamtareal in %/oo	Durchschnittsertrag per ha in hl	Mittelernte in tausend hl	Maxim. in tausend hl	Minim. in tausend hl
Bulgarien	20 000	2	6,3	129		
Frankreich	49 000	0,8	13	637	727	547
Griechenland	2 808	0,6	8,0	23		
Rußland	2 662 300	5	6,3	16 783	19 625	8 264
Polen	55 000	4	6,3	344	347	341
Europa	2 789 108	3		17 916	20 851	9 304
Ägypten	229 671	85	8,4	1 932		
Algerien	30 821	0,4	8,4	253	325	177
Japan	361 854	12	16,3	5 236		
Ausw. Länder	622 346			7 421	7 493	7 363
Gesamtsumme	3 411 454			25 337	28 344	16 667

Getreide-Anbaufläche. 47

7. Übersichten über die Getreidearten.

a) Die Anbauflächen in absoluten Zahlen.

	Europa ha	Ausw. Länder ha	Gesamtsumme ha
Weizen	38 811 902	33 613 272	72 425 174
Roggen	40 851 818	1 340 653	42 192 471
Mais	9 734 444	35 703 036	45 437 480
Gerste	15 206 475	4 289 215	19 495 690
Hafer	29 500 102	12 622 891	41 122 993
Buchweizen	5 812 685	696 586	6 509 271
Hirse	2 789 108	622 346	3 417 454
Indien, alle Früchte außer Weizen und Reis		31 197 500	31 197 500
	142 706 534	120 085 499	262 782 033

b) Die Erntemengen in Mill. Hektoliter.

	Europa			Auswärtige Länder			Gesamtsumme		
	Mittel	Maxim.	Minim.	Mittel	Maxim.	Minim.	Mittel	Maxim.	Minim.
Weizen	442,94	522,7	359,14	346,2	421,8	276,6	789,14	944,5	635,74
Roggen	447,00	497,60	389,60	15,20	16,50	13,80	462,20	514,10	403,40
Mais	138,10	152,10	125,50	657,69	831,99	575,39	795,79	984,39	700,39
Gerste	225,50	250,50	196,10	64,30	76,10	61,90	289,80	326,60	258,00
Hafer	557,90	622,10	479,10	228,30	318,30	226,90	786,20	940,40	706,00
Buchweiz.	45,51	51,58	33,76	5,98	7,08	4,78	51,49	58,77	38,55
Hirse	17,92	20,85	9,30	7,42	7,49	7,31	25,34	28,33	16,67
Gesamtf.	1874,87	2116,43	1592,50	1325,09	1679,26	1166,73	3199,96	3800,69	2759,20

c) Die Wertmengen in Mill. Mk. 1888.

	Europa	Ausw. Länder	Gesamtsumme
Weizen	5 397,15	4 206,10	9 603,25
Roggen	2 925,12	85,99	3 011,11
Mais	965,01	3 058,35	4 023,36
Gerste	1 712,43	427,16	2 139,59
Hafer	2 358,77	1 022,73	3 381,50
Buchweizen	318,55	41,90	360,45
Hirse	125,41	51,95	177,36
Gesamtsumme	13 802,44	8 894,18	22 696,62

Die Erntemengen der gesamten Getreideerzeugung zeigen für frühere Jahre ein etwas anderes Aussehen als in den vorstehenden Zahlenreihen.

So beziffert z. B. C. v. Scherzer die durchschnittlichen Erntemengen für Anfang der achtziger Jahre wie folgt:

Weizen	. .	782,17 Mill. hl	=	624,40 Mill.	MC.
Roggen	. .	484,71 „ „	=	354,82 „	„
Gerste	. .	294,56 „ „	=	193,54 „	„
Hafer	. . .	725,63 „ „	=	388,28 „	„
Mais	. . .	694,76 „ „	=	549,13 „	„
		2 981,82 Mill. hl	=	2 130,17 Mill.	MC.

Demnach würden die Ernten an Roggen und Gerste im Vergleich zu meinem Mittel etwas größer, diejenigen an Weizen, Hafer und Mais etwas kleiner gewesen sein. Der Gesamtheit nach ist die oben angegebene Mittelzahl immer noch um rund 141 Mill. hl höher als die von Scherzer berechnete Gesamtsumme.

Die Wertsummen Scherzers ergaben eine Zahl von 27 318 Mill. Mk., die sich so verteilten, daß 10 248 auf Weizen, 5156 auf Roggen, 3087 auf Gerste, 4020 auf Hafer und 4040 auf Mais entfielen. Den Wert des Stroh berechnet C. v. Scherzer zu 11 700 Mill. Mk., den Gesamtwert des Getreidebaues also auf 39 018 Mill. Mk. Neumann-Spallart hatte den Wert der Körnerproduktion im Mittel der Jahre auf 27 068 Mill. Mk. veranschlagt. Da unsere Berechnungen die Summe von rund 22 700 Mill. Mk. ergaben, so wäre also trotz erhöhter Erzeugung ein Wertrückgang eingetreten. Und der F. v. Juraschek für 1884 22 093 Mill., für 1887 aber 21 352 Mill. herausgerechnet hat, so würde auch hier ein Rückgang des Erntewertes vorliegen. Aber dieser ist eher verständlich als derjenige von 27 auf 22 Milliarden. Mit Rücksicht auf diesen Unterschied erklärt F. v. Juraschek wörtlich das Folgende: „Allerdings ist der Betrag von 27 Milliarden für die ältere Mittelernte unverhältnismäßig hoch angesetzt, weil Neumann für die erste Berechnung bei Fixierung des Wertes der russischen Ernte den Weltmarktpreis statt des Lokalpreises und den Nennwert des Rubels statt des Kurswertes, wie späterhin, zu grunde legte, überdies auch bei Berechnung des Wertes der ungarischen Ernte den Weltmarktpreis einfügte. Die Erhöhung, welche dadurch der Wert der gesamten Ernte erfahren hat, schätzte Neuman selbst auf rund 2200 Mill. Mk., so daß als vergleichbarer Erntewert für die Mittelernte von 1878—81 etwa 24 800 Mill. Mk. übrig bleiben. Auch so ergiebt sich bis zum Jahre 1884 ein sehr bedeutender Abfall. Dieser erklärt sich nicht nur daraus, daß die Quellen für 1884 und 1887 ein gleichartigeres und zutreffenderes Material geboten haben, als für 1879/81 gegenüber 1884, sondern auch daraus, daß der Preisrückgang seit 1884 weniger intensiv ist, was wieder mit der großen Erhöhung der Getreideschutzzölle in verschiedenen Staaten, dann auch mit den etwas mäßigeren Weizenernten in den Vereinigten Staaten zusammenhängt."

8. Die Kartoffel.

Die Zahl derjenigen Pflanzen, welche außer den im Vorstehenden behandelten Getreidearten Mehlstoff in Früchten, Stamm oder Wurzel enthalten, ist ziemlich groß, und einige derselben haben im Laufe der Zeit eine ansehnliche Verbreitung gewonnen, während anderen nur eine örtliche Bedeutung zukommt. Aber mit Ausnahme der Kartoffel und etwa nach der süßen Kartoffel oder Batate sind alle die in Betracht kommenden Gewächse wie die Cassave, der Jam, die Sagopalme, die Quinoahirse und die Arrowroot liefernden Pflanzen nicht in die großen Kulturgebiete der nördlich gemäßigten Zone und in den Bereich Europas und seiner Tochterstaaten übergangen, hauptsächlich deshalb, weil sie tropischen Ursprungs sind und daher das kältere Klima nicht vertragen. Ebenso wie die Kultur beschränkt sich der Verbrauch derselben fast nur auf die betreffenden Ursprungsländer, und die Einfuhr nach Europa fehlt entweder ganz oder sie zeigt nur geringen Umfang. Mann kann annehmen, daß die Einfuhr von Sago und Tapioca als denjenigen fremden Mehlstoffen, welche noch am häufigsten im europäischen Handel vorkommen, im jährlichen Durchschnitt kaum mehr als 400 000 MC. ausmacht. Aber was wollen diese besagen gegenüber den vielen Millionen von MC. der eigentlichen Getreidearten, die der Welthandel jährlich bewegt und welche die großen Kulturvölker zu ihrer Ernährung bedürfen. Daher ist es gerechtfertigt, wenn im folgenden von diesen mehlartigen Ersatzstoffen, so schwer sie auch für den Verbrauch in den Anbauländern ins Gewicht fallen mögen, nicht weiter die Rede ist.

Anders steht es mit der Kartoffel. Diese hat, namentlich im Laufe des neunzehnten Jahrhunderts für gewisse Länder Nordeuropas eine so großartige Bedeutung gewonnen, daß sie einen wichtigen Bestandteil sowohl in der Ernährung und im Genuß als auch im Erwerbsleben überhaupt bildet. Mit dem Mais ist sie wohl das wichtigste Geschenk, welches die neue Welt der alten gemacht hat, soweit die Nahrungsfrage in Betracht kommt.

In der folgenden Tabelle ist das verfügbare Zahlenmaterial in Bezug auf Anbaufläche, Verhältnis derselben zum Gesamtareal der Anbauländer, wechselnde Erträge und Verhältnis zur Kopfzahl zusammengestellt.

	Fläche in ha	Verhältn. zum Gesamtareal in °/₀₀	Mittelertrag in Mill. kg	kg per Kopf	Maxim.	Minim.
Belgien . . .	199 266	64	2 638	433	3 044	1 364
Dänemark . .	44 550	12	443	203	532	349
Deutsches Reich	2 917 720	54	25 377	512	27 954	21 911
Frankreich . .	1 437 750	27	11 057	289	11 706	10 345
Griechenland . .	375		3	1,5		

50 Anbauflächen und Produktionsmengen der Getreidearten rc.

	Fläche in ha	Verhältn. zum Gesamtareal in º/₀₀	Mittelertrag in Mill. kg	kg per Kopf	Maxim.	Minim.
Großbritannien u. Irland	549 585	17	6 337	163	7 248	5 671
Italien	70 065	2	713	23	798	605
Niederlande	144 565	44	2 128	473	2 340	1 948
Österreich-Ung.	1 523 015	24	mit Bosnien 12 527	293	13 485	11 703
Portugal	31 000	3	248	53	248	248
Rumänien	1 500	0,1	12	2	12	12
Rußland	ohne Polen 1 502 500	3	mit Polen 13 189	137	14 148	11 726
Finnland	21 000	0,6	466	203	503	430
Schweden	151 065	5	1 683	351	2 157	1 298
Norwegen	34 890	1	626	313	626	626
Schweiz	150 000	36	1 630	545	1 630	1 630
Serbien	4 868	1	39	18	39	39
Spanien	150 000	3	1 585	92	1 585	1 585
Europa	8 934 814	9	78 701	220	85 055	70 292
Canada	172 935	0,2	625	125	798	420
Verein. Staaten	917 730	1	5 308	84	6 167	4 086
Australasien	50 220	0,06	455	120	503	419
Capland	3 645	0,05	23	10	23	23
Sibirien	28 000	0,02	222	52	222	222
Ausw. Länder	1 202 530		6 633		7 713	5 170
Gesamtsumme	10 137 344		85 334		92 768	75 462

Aus der Tabelle auf Seite 49 und 50 geht hervor, daß in Bezug auf die absolute Anbaufläche das Deutsche Reich den ersten Rang einnimmt, indem dieses den dritten Teil der gesamten europäischen Kartoffelfläche besitzt. An das Deutsche Reich schließen sich in zweiter Linie Österreich-Ungarn, Rußland und Frankreich an. Aber was das Verhältnis der Kartoffelfläche zum Gesamtareale anbelangt, so wird das Deutsche Reich von Belgien übertroffen, das in dieser Richtung den höchsten Prozentsatz aufweist. Aus der Tabelle wird man überhaupt ersehen, daß neben den genannten zwei Ländern noch die Niederlande, die Schweiz, Frankreich, Österreich-Ungarn, Großbritannien und Dänemark eine ansehnliche Rolle spielen, während in allen übrigen Ländern Europas die Kartoffelfläche unter 1% des Gesamtareals zurückbleibt. In den außereuropäischen Ländern endlich hat die Kartoffel nirgends eine größere Bedeutung zu erlangen vermocht.

Der jährliche Mittelertrag der in die Tabelle aufgenommenen Länder macht 853 Mill. MC., das Maximum 927, das Minimum aber 754 Mill. MC. aus. Davon entfallen auf Europa 787, 850 und 703 Mill. MC. Diese Zahlen gelten für die zweite Hälfte des vorigen Jahrzehntes. Da Scherzer in seinem bekannten Werke eine Jahresmittelernte von Europa für Anfang der achtziger Jahre auf 736 Mill. MC. beziffert, so ist seitdem ein kleiner Fortschritt in der Kartoffelerzeugung eingetreten, der, auf fünf Jahre verteilt, ein jährliches Mehr von rund 10 Mill. MC. ausmacht. Daß das Deutsche Reich der jährlichen Produktionsmenge nach weitaus den ersten Rang behauptet, kann nicht anders erwartet werden, aber auffallen wird es, daß bezüglich des Verhältnisses des Ertrages zur Kopfzahl dieser der Schweiz zufällt.

Der Mittelertrag eines mit Kartoffeln bestellten Hektars beträgt in mehrjährigem Durchschnitte des Deutschen Reiches 81 MC., der Höchstertrag 92, der Mindestertrag 65 MC. Das Jahr 1889 lieferte ein Mittelmaß von 91 MC., die günstigsten Erfolge erzielten Braunschweig mit 146 und Schaumburg-Lippe mit 145 MC., die ungünstigsten Reuß ä. L. mit 58 MC. Die höchsten absoluten Erträge gewannen im Jahre 1889 die preußischen Provinzen Brandenburg, Schlesien und Posen, indem jede der zwei erstgenannten ungefähr je ein Zehntel der Gesamternte des ganzes Reiches erzielte.

Für die Durchschnittserträge anderer Länder stehen mir nur Angaben in englischen Maßen zur Verfügung. Die Umrechnung derselben nach Hektar und MC. ist aber nicht nötig, da das gegenseitige Verhältnis der betreffenden Länder, auf das es hier doch einzig ankommt, auch aus den englischen Maßen hervorgeht. Darnach entsteht die folgende Reihe der Durchschnittserträge nach Acres und Bushel.

Belgien	243	Bushel	Dänemark	132	Bushel
Norwegen	228	„	Frankreich	123	„
Niederlande	188	„	Österreich	120	„
Italien	160	„	Ungarn	88	„
Großbritannien	160	„	Rußland	82	„
Australasien	158	„	Vereinigte Staaten	71	„
Canada	140	„	Kapland	41	„
Deutsches Reich	138	„			

Den jährlichen Wertertrag hatte Scherzer für Anfang der achtziger Jahre für die ganze Erde zu 4 900 Mill. Mk., für Europa aber zu 4 300 Mill. Mk. ermittelt. Legt man nun Scherzers Wertmaße auch bei den oben bezeichneten Ertragsmengen zu Grunde, so würden sich die folgenden Geldsummen ergeben.

52 Anbauflächen und Produktionsmengen der Getreidearten 2c.

	Mittelertrag Mill. Mk.	Höchstbetrag Mill. Mk.	Mindestbetrag Mill. Mk.
Alle kartoffelbauenden Länder:	5 080	5 520	4 490
Europa	4 580	4 960	4 090

Die wirtschaftliche Bedeutung der Kartoffel wird durch diese Zahlen aufs beste beleuchtet.

9. Vergleichende Zusammenstellungen über Getreide und Kartoffeln.

Der nachstehende Abschnitt ist bestimmt, die bisher gegebenen Erörterungen und Zahlenreihen nach den vornehmlichsten Gesichtspunkten in übersichtlicher Weise zusammenzustellen, um dadurch die verhältnismäßige Wichtigkeit, welche einer jeden der mehlliefernden Pflanzen zukommt, klarzustellen.

Den Anfang macht eine vergleichende Zusammenstellung der Anbauflächen.

Vergleichende Zusammenstellung der Anbauflächen.

	Areal für Getreide u. Kartoffeln in qkm	%/m zum Ges.-areal	\multicolumn{7}{c}{Davon entfallen auf}
			Weizen	Rogg.	Mais	Gerste	Hafer	Hirse Buchw.	Kart.
Belgien	11 340	382	111	104	—	14	86	1	64
Bulgarien	21 460	223	76	32	65	26	22	2	—
Dänemark	12 032	320	18	71	—	84	106	29	12
Deutsches Reich	168 258	312	43	108	—	31	72	4	54
Frankreich	160 067	300	129	36	11	16	69	12	27
Griechenland	3 608	55	24	9	9	11	0,6	0,9	—
Großbrit. u. Jrl.	42 185	133	32	1	—	29	53	1	17
Italien	73 360	256	155	6	66	12	15	—	2
Niederlande	6 426	196	26	62	—	14	35	15	44
Österreich-Ung.	171 448	270	67	50	42	35	46	6	24
Bosnien	3 940	77	12	2	37	16	10	—	—
Portugal	11 475	128	30	31	33	14	17	—	3
Rumänien	31 918	156	68	15	107	39	8	9	—
Rußland	666 497	132	24	52	1	11	28	13	3
Finnland	5 690	15	0,08	8	—	3	3	0,7	0,6
Schweden	16 111	37	1	8	—	5	18	0,02	5
Norwegen	2 214	7	0,1	1	—	1,7	3	—	1
Schweiz	3 885	94	34	8	—	4	12	—	36
Serbien	8 000	165	37	12	79	15	10	11	1
Spanien	75 280	151	84	15	16	29	4	—	3
Türkei	20 930	115	46	23	17	26	3	0,3	—
Europa	1 513 735	153	40	42	10	16	30	6	9

Getreide-Anbaufläche.

Vergleichende Zusammenstellung der Anbauflächen.

	Areal für Getreide u. Kartoffeln in qkm	º/₀₀ zum Ges.-Areal	\multicolumn{7}{c}{Davon entfallen auf}
			Weizen	Rogg.	Mais	Gerste	Hafer	Hirse Buchw.	Kart.
Canada . . .	22 626	2,8	0,9	—	0,3	0,4	0,8	0,2	0,2
Verein. Staaten	610 226	68,4	17	0,8	35	1,2	12	0,4	1
Mexiko . . .	28 280	15	3	—	12	—	—	—	—
Argentinien .	16 481	6,1	3	—	3	0,1	—	—	—
Chile . . .	8 000	10	10	—	—	—	—	—	—
Algerien . .	26 274	38,4	18	—	0,2	19	0,8	0,4	—
Ägypten . .	13 087	480	197	—	107	91	—	85	—
Brit. Südafrika	1 383	1,8	1	—	—	0,2	0,6	—	0,05
Sibirien . .	20 833	1,72	0,6	0,4	—	0,1	0,5	0,02	0,02
Brit. Indien .	418 025	156	39	—	—	—	—	117	—
Japan . . .	18 738	54,7	9	—	0,7	28	—	—	17
Australasien .	20 550	2,55	2	—	0,1	0,05	0,4	—	0,06
Ausw. Länder	1 204 503								
Gesamtsumme	2 718 238								

Fassen wir zunächst die Zahlenreihe ins Auge, welche das Gesamtareal für Getreide und Kartoffeln darbietet, so zeigt sich, daß unter den Mehlfrüchte erzeugenden Ländern das europäische Rußland und die Vereinigten Staaten in erster Linie stehen und zwar in der Weise, daß Rußland etwa den vierten Teil der Gesamtsumme in Anspruch nimmt. Fast ein Viertel entfällt auf die Vereinigten Staaten, fast ein Sechstel auf Britisch-Ostindien, je fast ein Fünfzehntel auf Österreich-Ungarn, das Deutsche Reich und Frankreich. Die eben genannten sieben Länder zusammen aber machen ungefähr vier Fünftel der gesamten Ackerfläche aus, soweit sie sich auf die in Rede stehenden Früchte bezieht. Das Restfünftel verteilt sich auf sechsundzwanzig Gebiete und Länder.

Ein anderes Bild entsteht, wenn man die zweite Reihe anschaut, welche das Verhältnis der Getreide- und Kartoffelfläche zum Gesamtareal darstellt. Da würde Ägypten der erste Platz zufallen, da fast die Hälfte seines Bodens für diesen Zweck verwendet wird. Aber weil bei Ägypten nicht das gesamte Staatsareal, sondern das gesamte Kulturareal zur Berechnung genommen ist, so muß dies Land von dem Vergleiche ausgeschlossen werden. Unter solcher Voraussetzung gebührt dem Königreich Belgien der Vorrang, das 382 º/₀₀ seines Staatsgebietes zur Erzeugung von Getreide und Kartoffeln benutzt. Diesen schließen sich Dänemark, das Deutsche Reich und Frankreich an. Hierbei ist es gewiß charakteristisch zu sehen, was später näher verfolgt werden wird, daß wenigstens in Bezug auf Getreide keiner dieser Staaten sein volles Bedarfsmaß erzielt, während gerade die Getreide ausführenden Länder betreffs der Bodennutzung hinter diesen mehr oder weniger weit zurückstehen. In den großen Getreideländern wie Rußland, den Vereinigten Staaten und Britisch-Indien würde nach diesem Verhältnis geurteilt, noch viel Produktionsraum zur Verfügung stehen, ganz zu schweigen von Ländern wie Canada, Sibirien, Argentinien und Australien, in denen die gesamte Getreide- und Kartoffelfläche nicht einmal ein Prozent des Bodenareals ausmacht. Allerdings müssen außer dem Zahlenverhältnis bei der Beurteilung der erhöhten Produktionsmöglichkeit vor allem und in jedem einzelnen Falle die geographische Lage und das Klima mit in Betracht gezogen werden, aber auch, wenn man dieses thut, wird man bald zur Erkenntnis kommen, daß noch viel Platz auf der Erde zur Gewinnung von Mehlstoffen vorhanden ist. Verhältnismäßig am wenigsten bietet wohl Europa, in dem zur Zeit 15 % diesem Zwecke dienen. Aber man wird wohl nicht fehlgehen in der Annahme, daß eine Steigerung bis 25 % eintreten könne und, wenn dies geschehe, so würde Europa zur Zeit und für eine gewisse Zukunft seinen eigenen Bedarf zu decken im stande sein.

In der vergleichenden Zusammenstellung der Anbauflächen sind hinter das Verhältnis der Getreidefläche und Kartoffelfläche zum Gesamtareal die den einzelnen Fruchtarten zukommenden Verhältniszahlen (zum Gesamtareal) gesetzt. Man wird daraus die Stellung leicht ableiten können, welche jeder einzelnen Fruchtart in der Landwirtschaft jedes Landes zukommt. Der Weizen z. B. bedeckt die verhältnismäßig größten Flächen in Belgien, Bulgarien, Frankreich, Italien, Österreich-Ungarn, Spanien, in der Türkei, in Ägypten, Canada und Australien, der Roggen im Deutschen Reiche, in den Niederlanden, in Rußland und in Finnland, der Mais in Rumänien, Serbien und in den Vereinigten Staaten, die Gerste in Algerien und Japan, der Hafer in Dänemark, in Großbritannien, in Schweden und Norwegen, die Kartoffel nur in der Schweiz.

Ein sehr wichtiger Moment ist es, ferner kennen zu lernen, in welchem Verhältnis die jährliche Getreideerzeugung im Ganzen wie im Einzelnen zur Kopfzahl der Länder steht. Dieser bedeutungsvolle Moment wird durch die nachstehende Zahlenreihe in der Weise dargestellt, daß für die einzelnen Länder erst die mittlere Gesamterzeugung an Getreide in Mill. Hektoliter aufgeführt und dazu der auf jeden Kopf entfallende Betrag in Litern mitgeteilt ist. Hinter diesem Betrag folgen die Einzelzahlen, aus denen sich jener ergiebt.

Getreide- und Kartoffel-Erntemenge. 55

Verhältnis der mittleren Getreide- und Kartoffelerzeugung zur Kopfzahl.

	Mittlerer Jahresertrag in Mill. hL	Getreide auf. Liter	Auf den Kopf der Bevölkerung entfallen davon					Kartoffeln.	
			Weizen Liter	Roggen Liter	Mais	Gerste	Hafer	Buchweiz. und Hirse u. a. (Metr.)	Mittelertrag in Mill. MC.	pro Kopf in kg.
Belgien . .	24,6	382	113	96	—	21	147	5	26,4	433
Bulgarien .	28,2	907	400	97	198	117	92	3	—	—
Dänemark. .	29,3	1349	83	272	—	359	511	124	4,4	203
Deutsch. Reich	251,9	509	78	163	—	71	193	4	253,8	512
Frankreich. .	248,4	650	272	63	24	45	219	27	110,6	289
Griechenland .	3,5	159	73	—	50	36	—	—	0,03	1
Großbritann.	114,8	352	76	1	—	74	151	—	63,4	163
Italien . .	84,1	260	132	5	93	11	19	—	7,1	23
Niederlande .	11,8	262	44	82	—	38	98	—	21,3	473
Österr.-Ung. mit Bosnien	241,7	565	126	101	102	83	132	21	125,3	293
Portugal . .	10,1	224	46	36	121	15	6	—	2,5	53
Rumänien .	46,0	804	253	18	401	87	22	13	0,1	2
Rußland . .	631,12	703	92	268	7	59	229	47	131,9	137
Finnland . .	9,34	406	2	165	—	83	152	4	4,6	203
Schweden . .	35,7	656	27	153	—	125	402	49	16,8	351
Norwegen . .	6,0	300	5	20	—	80	160	35	6,3	313
Schweiz . .	6,6	18	45	24	—	10	62	77	16,3	545
Serbien . .	8,5	395	88	28	176	52	38	13	0,4	18
Spanien . .	64,3	370	168	43	43	101	15	—	15,8	92
Türkei . . .	24,7	516	236	94	70	100	16	—	—	—
Europa . .	**1900,74**	**526**	**124**	**125**	**38**	**63**	**155**	**17**	**787,0**	**220**
Canada . .	59,8	1175	266	14	90	151	621	33	6,2	125
Ver. Staaten	969,8	1545	266	14	942	28	293	6	53,1	84
Mexiko . .	50,6	435	35	—	400	—	—	—	—	—
Argentinien .	13,2	330	162	—	168	—	—	—	—	—
Chile . . .	6,0	189	148	—	10	31	—	—	—	—
Brit. Ostind.	96,2	44	44	—	—	—	—	—	—	—
Japan . . .	30,4	73	11	—	1	46	—	15	—	—
Sibirien . .	19,8	358	123	110	—	30	193	2	2,2	52
Aegypten . .	12,5	196	48	—	69	50	—	30	—	—
Kapland . .	1,3	119	129	—	—	—	—	—	0,2	10
Tunesien . .	2,0	132	66	66	—	—	—	—	—	—
Australien .	21,3	598	330	—	58	30	180	—	4,5	120
	1282,4									

Daß in die Tabelle, welche sich auf das Verhältnis der Produktion zur Kopfzahl bezieht, die mittlere Erzeugung der letzteren Jahre eingesetzt ist, wird man richtig finden. Denn der Mittelertrag ist es, auf den man rechnen kann und der allen Möglichkeiten sowohl der Einfuhr als auch der Ausfuhr zu Grunde gelegt werden muß. Zur Ableitung des auf jeden Kopf entfallenden Betrages an Getreide und Kartoffeln wurden die neuesten bevölkerungsstatistischen Erhebungen verwendet, die, seien es nun Zählungen oder Berechnungen, fast sämtlich in den Zeitraum von 1886 bis 1891 zu liegen kommen.

Aus der ersten Zahlenreihe der Tabelle ergiebt sich, daß nach der Menge des erzeugten Getreides die Vereinigten Staaten weitaus den ersten Rang einnehmen und die volle Hälfte einer europäischen Ernte gewinnen. Den dritten Teil einer solchen liefert Rußland, dem der Masse nach der zweite Rang gebührt. In dritter Linie folgen das Deutsche Reich, Frankreich und Österreich-Ungarn, welche zusammengenommen etwas mehr als Rußland hervorbringen. Diese fünf Staaten erzeugen etwa sieben Zehntel des Ertrages der sämtlichen in die Tabelle aufgenommenen Länder. Dabei ist jedoch zu beachten, daß bei Indien mangels anderer Angaben nur der Weizen in Rechnung gesetzt werden konnte. Wäre es möglich, die gesamte Getreideerzeugung Indiens zu berücksichtigen, so würde es seine Stelle wahrscheinlich gleich hinter den Vereinigten Staaten finden.

Für die gewaltigen Leistungen des Getreidebaues in den Vereinigten Staaten spricht der Umstand, daß diese auch in Bezug auf das Verhältnis des Getreideertrages zur Kopfzahl den ersten Rang behaupten. Hier kommen also mehr als 15 hl auf den Kopf. Dann folgen mit mehr als 10 hl nur noch zwei Länder: Dänemark und Kanada. Alle übrigen bleiben hinter diesem Betrage mehr oder minder weit zurück. An unterster Stelle stehen in Europa die Schweiz und Portugal, denen die Niederlande, Italien, Großbritannien und Norwegen nur um weniges voraus sind.

Das Verhältnis der Gesamtgetreideerzeugung zur Kopfzahl, für sich allein betrachtet, giebt aber keineswegs eine richtige Vorstellung von den Zuständen der einzelnen Länder, sowie hinsichtlich der Möglichkeit der Ausfuhr und der Notwendigkeit der Ausfuhr. Denn in manchen Ländern kommen die hohen Verhältniszahlen durch das Vorwalten der Erzeugung solcher Getreidearten zu stande, welche für die Ernährung entweder nichts oder wenig beitragen. Dies gilt z. B. von Dänemark und Schweden, wo die Gerste und noch mehr der Hafer jene Steigerung bewirken. Will man vorzugsweise oder ausschließlich die Ernährungsfrage ins Auge fassen, so wird man Gerste und Hafer unbeachtet lassen müssen. Aber auch dann gelangt man noch nicht zu der richtigen Erkenntnis zwischen Bedarf und Eigenerzeugung, da gewisse Mengen der Nährpflanzen im engeren Sinne, besonders des Roggens und des Mais, auch in der Brauerei und Brennerei Verwendung finden. Endlich ist zu beachten, daß in manchen Ländern die Kartoffel einen hervorragenden Ersatz für die Getreidestoffe darbietet.

Die Kartoffel kann aber mit den Getreidearten nicht verrechnet werden, da der Nährwert eines Quantums Kartoffeln von der gleichen Menge irgend einer Getreideart zu sehr abweicht. Auch kommt ja in Betracht, daß diese Frucht in erheblichem Maße zu Brennereizwecken herangezogen wird.

Aber wenn auch die Bedarfsfrage nicht ausschließlich aus der in Rede stehenden Tabelle beurteilt werden kann, so ist sie doch hinsichtlich der wirklichen Erzeugung an Getreide und Kartoffeln sehr lehrreich und interessant, sei es, daß man ein oder mehrere Länder oder eine Fruchtart ins Auge faßt.

Dritter Abschnitt.

Der Verbrauch von Getreide und Kartoffeln.

Ueber die Art des Verbrauchs der jährlich durch den Ackerbau erzeugten Mengen an Getreide und Kartoffeln ist das Allgemeine schon früher angedeutet oder mitgeteilt worden. Hier wäre nochmals hervorzuheben, daß es sich hauptsächlich um drei Arten der Verwendung handelt. Diese bestehen in Viehfutter, menschlicher Nahrung und Getränkebereitung. Als Viehfutter dienen je nach den Ländern Hafer, Gerste, Mais, Kartoffeln und Roggen. Zu Getränken aber werden mit Ausnahme von Hafer und Buchweizen alle Fruchtarten verarbeitet, am meisten, wenn auch örtlich verschieden, Gerste, Mais, Kartoffeln und Roggen, am wenigsten aber Weizen. Alles aber, was nicht zu diesen beiden Zwecken dient, geht in den Verbrauch als menschliche Nahrung über, um entweder als Brot verbacken oder zu anderen Speisen zubereitet zu werden.

Da die wichtigste Frage, welche sich an die Erzeugung mehlhaltiger Stoffe knüpft, darauf hinausläuft, daß Erzeugung und Verbrauch sich in der Weise das Gleichgewicht halten, daß auch für mögliche Zeiten der Not eine Art Reservefonds vorhanden ist, so würde es hier besonders darauf ankommen, festzustellen, wie viel von der jährlichen Produktion als Viehfutter und zur Getränkebereitung verwendet wird und wie viel in die menschliche Nahrung übergeht. Leider muß nun gleich von vornherein erklärt werden, daß eine genaue, ziffernmäßige Scheidung der drei Hauptverwendungsarten nicht gelingen kann, da die statistischen Angaben in keinem Lande meines Wissens diese Verhältnisse mit genügender Schärfe berücksichtigen. So viel aber steht wohl fest, daß der weitaus größte Teil des jährlich erzeugten Hafers verfüttert wird. Auch kann man annehmen, daß die Gerste vorwiegend verfüttert oder in den Brauereien verwendet wird. In welchem Maße jedoch der Mais oder die Kartoffel den verschiedenen Zwecken anheimfällt, das ist nur unvollständig bekannt und es dürfte ein vergebliches Bemühen sein, auf indirektem Wege die betreffenden Zahlen für jeden einzelnen Zweck und für jedes Land gewinnen zu wollen. Dagegen scheint es nicht ganz aussichtslos, festzustellen, welche Mengen von

Verbrauch zur Getränkebereitung.

Getreide und Kartoffeln jährlich in den Brauereien und Brennereien der für die Statistik erreichbaren Länder verarbeitet werden. Nach den Mitteilungen des Statistischen Jahrbuchs für das Deutsche Reich, zwölfter Jahrgang 1891, wurden in dem Brausteuerbezirk des Deutschen Reiches, der die süddeutschen Länder Bayern, Württemberg, Baden und Elsaß-Lothringen nicht mit begreift, während des Etatsjahres 1889/90 32 189 415 hl Bier hergestellt, wozu neben anderen Stoffen 682 641 Tonnen Getreide Verwendung fanden. Im Durchschnitt mehrerer Jahre braucht es rund 20 kg Getreide, um 1 hl Bier zu gewinnen. Überträgt man nun diesen Anteil zunächst auf die nicht im Brausteuergebiet begriffenen deutschen Länder, in denen während des genannten Jahres 20 124 933 hl Bier erzeugt wurden, so giebt das 402 498 Tonnen Getreide. Die Brauereien des Deutschen Reiches verarbeiteten demnach 1890/91 1 035 139 Tonnen Getreide oder, als Gerste angesehen und danach berechnet, 15,8 Mill. hl. Ferner verarbeiteten die Branntwein-Brennereien des deutschen Zollgebiets ohne Luxemburg im Etatsjahre 1889/90 2 084 000 Tonnen Kartoffeln und 331 600 Tonnen Getreide; letztere Menge entspricht aber, als Roggen angesehen und danach berechnet, 4,6 Mill. hl. Die Getränkebereitung des Deutschen Reiches würde demnach 20,4 Mill. hl Getreide und 20,8 Mill. MC. Kartoffeln in Anspruch genommen haben. Jede dieser Summen aber bedeutet ungefähr den zwölften Teil der betreffenden mittleren Jahresernte, ein Verhältnis, das gewiß kräftig ins Gewicht fällt.

Nach einer Statistik der Brauer- und Hopfenzeitung „Gambrinus" in Wien, welche die Biererzeugung auf der ganzen Erde für das Jahr 1890 feststellt, betrug die in Europa, in Indien und in den Vereinigten Staaten hergestellte Menge Bier die hübsche Zahl von 195 678 328 hl. Nimmt man an, daß auch hier in einem Hektoliter 20 kg Getreide stecken, so giebt das 39,1 Mill. MC. oder, als Gerste angesehen, nahezu 60 Mill. hl, ein Quantum, welches gegenüber der Thatsache, daß in England durchschnittlich viel stärker gebraut wird, als in Deutschland, gewiß eher zu niedrig als zu hoch bemessen erscheint.

Bei dem Branntwein ist eine solche Übertragsberechnung wie beim Biere nicht zulässig, weil zu dessen Herstellung nicht nur Getreide und Kartoffeln, sondern auch vielerlei andere Stoffe, als Wein, Weinabfälle, Obst, Melasse u. a. verwendet werden. Aber welche Masse Getreide und Kartoffeln ins Spiel kommen können, das zeigen schon die für den Zollverein angeführten Zahlen, die hier dahin ergänzt werden mögen, daß zur Bereitung von 3 145 000 hl reinem Alkohol außer jenen Mengen von Getreide und Kartoffeln 28 000 Tonnen Melasse und Rüben sowie 685 000 andere nicht mehlige Stoffe gebraucht werden. Lehrreich ist auch die Mitteilung des in Rußland in den Brennereien verarbeiteten Materials.

Hier stellte man im Jahre 1882/83 6,6 Mill. hl Branntwein (als wasserfreier Spiritus gerechnet) aus 7 349 498 MC. Getreide und Mehl, 10,7 Mill. MC. Kartoffeln, 595 799 MC. Syrup und 1 929 889 MC. Malz her. Man verbrauchte demnach in Rußland mindestens 10 Mill. MC. oder gegen 14 Mill. hl Getreide.*) Da man nun zur Zeit die Gesamterzeugung an Branntwein auf 20 Mill. hl (Alkohol) annehmen darf, so werden sich daraus zwar nicht genaue Zahlen ableiten lassen, aber man wird doch die allgemeine Vorstellung gewinnen, daß jährlich bedeutende Massen Getreide und Kartoffeln in den Brennereien verarbeitet und damit zugleich dem unmittelbaren Nahrungszwecke entzogen werden.

Über den Getreideverbrauch der Individuen sind in neuerer Zeit mancherlei Berechnungen angestellt worden. Die nächstliegende und einfachste besteht darin, daß man das einem Lande während eines Jahres verbleibende Quantum mit der Bevölkerungszahl teilt. Eine solche Berechnung findet sich bei Scherzer und ist in folgendem mit der Veränderung wiedergegeben, daß zunächst die Anteile an Weizen, Roggen und Mais als der hauptsächlich zur Nahrung dienenden Fruchtarten zusammengerechnet, dann aber alle fünf in der Tabelle erscheinenden Getreidesorten zusammengezählt sind, soweit dies zulässig erschien.

Verbrauch an Getreide nach Kopf und Kilo.

	Weizen	Roggen	Mais	zusammen	Gerste	Hafer	Alle 5 zus.
Belgien . . .	173,0	80,5	?	253,5	38,0	?	
Dänemark . .	71,5	200,0	27,0	298,5	78,5	225,0	601,0
Deutsches Reich .	67,5	138,5	5,0	210,0	56,5	88,0	354,5
Frankreich . .	256,0	46,0	25,0	327,0	32,5	95,5	455,0
Griechenland .	161,5	10,5	55,0	227,0	37,5	?	264,5
Großbritannien .	154,0	—	15,5	169,5	82,5	102,0	353,0
Italien . . .	144,5	?	81,5	226,0	?	11,0	237,0
Niederlande . .	87,5	66,5	?	154,0	43,5	46,5	244,0
Portugal . . .	76,0	40,5	139,0	255,5	?	?	
Rumänien . .	105,0	17,5	227,5	340,0	50,0	14,5	504,5
Rußl. u. Finnl.	82,0	242,5	?	324,5	37,5	117,5	489,5
Schweden . .	22,5	128,5	—	151,0	24,0	111,0	286,0
Norwegen . .	8,0	82,5	—	90,5	50,0	78,5	219,0
Schweiz . . .	106,5	77,5	9,5	193,5	17,5	42,5	253,5
Spanien . . .	285,5	50,0	57,5	293,0	109,0	57,5	459,5
Türkei u. and. Balkanländer .	145,0	64,0	88,5	297,5	95,0	88,5	481,0
Österreich-Ung. .	94,5	88,5	73,0	256,0	50,5	73,0	379,5

*) In der Campagne 1890/91 erzeugte man in Rußland 3,86 Mill. hl wasserfreien Spiritus aus 6,56 Mill. MC. Getreide, 13,94 Mill. MC. Kartoffeln und 1,11 Mill. MC. Syrup.

Verbrauch nach Kopf und Kilo.

Die hier angeführten Zahlen sind insofern lehrreich, als sie zeigen, wie viel Kilo an Getreide überhaupt in einem bestimmten Zeitraume (1877—82) per Kopf verbraucht werden, und welche Mengen jährlich erzeugt oder zugeführt werden müssen, um den Verbrauch auf gleicher Höhe zu halten. Wenn also um 1880 der Deutsche durchschnittlich 355 kg Getreide beanspruchte und dies auch im Jahre 1891/92 bei Seelenzahl von rund 50 Mill. der Fall war, so bedürfte es für dieses Jahr 17 750 kg oder 17,7 Mill. Tonnen Getreide, eine Summe, hinter welcher jede Ernte, auch die beste, zurückbleiben wird. Eine solche hatte im Jahre 1882 stattgefunden 16,21 Mill. Tonnen ergeben. Dann würden 1,5 Mill. Tonnen oder 30 kg per Kopf eingeführt werden müssen. Bei einer schlechten Ernte, wie im Jahre 1889, die nur 14,15 Mill. Tonnen lieferte, mußte der Fehlbetrag auf 3,6 Mill. Tonnen oder 72 kg per Kopf steigen.

Aber die Verbrauchsberechnungen, wie sie Scherzer anstellte, haben den Nachteil, daß zwischen Nahrungs- und sonstigem Bedarf nicht geschieden ist. Und das ist nötig, da die Erzeugung auf den Verbrauch einen gewissen Einfluß ausübt. Die Richtigkeit dieses Satzes geht hervor aus den Verbrauchsberechnungen, die Engel, Lexis, Juraschek und andere für das Deutsche Reich gemacht haben. Nach Engel hat der Kopfverbrauch an eigentlichem Brotgetreide (Weizen, Spelz und Roggen) innerhalb des Zeitraumes 1878—84 zwischen 160 (1880) und 213 (1878) kg geschwankt, in der Weise jedoch, daß eine allmähliche, wenn auch unregelmäßige Abnahme mit dem Fortschreiten der Jahre erfolgte. Dieselbe Bewegung zeigte sich nach Juraschek auch innerhalb der Jahre 1885—90, wo der Verbrauch zwischen 192 (1887/88) und 162 (1889/90) schwankte und im Mittel 176 kg betrug, während er in dem vorhergehenden Lustrum 185 kg ausgemacht hatte. Den Ersatz für diesen Ausfall hat in Deutschland ohne Zweifel die Kartoffel geliefert. Dies geht schon daraus hervor, daß, während bis 1889 stets eine gewisse Reinausfuhr stattgehabt hatte, eine solche im Jahre 1890 nicht möglich war, sondern vielmehr ein kleiner Betrag von Reineinfuhr (0,54 Mill. MC.) eintrat, der sich infolge der schlechten Ernte von 1891 in diesem Jahre auf das Vierfache (2,26 Mill. MC.) steigerte. Würde der Kopfverbrauch an Weizen, Spelz und Roggen das Mittelmaß von 176 kg auch weithin behaupten, so macht der Gesamtverbrauch bei einer Bevölkerung von 50 Mill. 8,8 Mill. Tonnen aus. Eine gute Ernte wie die vom Jahre 1882 vermag diese Menge aufzubringen und auch noch etwas für Brennereizwecke übrig zu lassen; eine schlechte Ernte dagegen läßt einen Fehlbetrag von 800 000 Tonnen, ohne für Branntwein noch Material zu bieten.

Im Gegensatz zum Deutschen Reiche hat der Kopfverbrauch an Getreide in einigen Ländern eine Zunahme erfahren. In den Vereinigten

Staaten z. B. wurden zum Verbrauche der Bevölkerung zurückbehalten im Mittel der Jahre 1868/78 an Weizen 1,76 hl und an Mais 8,40 hl, im Mittel der Jahre 1879/89 aber an Weizen 1,97 hl und an Mais 9,90 hl. Der Jahresmaximalverbrauch innerhalb des letzten Decenniums an Weizen war 2,35 hl, an Mais aber 11,30 hl. Da 2,35 hl Weizen gleich 181 kg sind, so würde der stärkste Kopfverbrauch in den Vereinigten Staaten an Weizen allein den mittleren Verbrauch Deutschlands an Weizen und Roggen übertreffen. Die Verhältniszahlen aus den Vereinigten Staaten sind nun insofern interessant, als man, in der Annahme, daß der Verbrauch und die Produktion sich gleichbleiben, berechnen kann, in welchem Jahre mutmaßlich die Union bei einer Mittelernte aufhören wird, Weizen auszuführen. Eine mittlere Weizenernte liefert hier 157,1 Mill. hl. Um diese aufzubrauchen, bedarf es einer Bevölkerung von 80 Mill. Seelen. Da von 1880—90 die Kopfzahl der Bevölkerung im jährlichen Durchschnitt um rund 1 250 000 gewachsen ist, so wird bei gleicher Bevölkerungszunahme der Ausgleich zwischen Bedarf und Erzeugung im Jahre 2005 eintreten. Wachsen aber Kopfverbrauch und Seelenzahl, den bisherigen Verhältnissen entsprechend in progressiver Weise, so hat man jenen Zeitpunkt entsprechend eher zu gewärtigen. Bezüglich des Mais ist eine solche Berechnung nicht zulässig, da die Maiserzeugung eine ununterbrochene Steigerung erfahren hat und ihrer auch in Zukunft noch fähig ist. Immerhin aber steht die Sache so, daß die Vereinigten Staaten bei ihrem jetzigen Verbrauch im Falle einer schlechten Ernte Mais in größeren Mengen nicht auszuführen vermögen.

Auch in Frankreich hat der Weizenverbrauch nach Kopf und Jahr beständig zugenommen, indem er innerhalb der letzten vier Jahrzehnte von 230 auf 275 Liter gestiegen ist. Ein gleiches gilt von Großbritannien und Irland; hier greifen die Berechnungen bis auf den Anfang der fünfziger Jahre zurück und ergeben eine Erhöhung von 5,08 (1852—59) auf 5,97 (1881—85) Bushel, während in dem Lustrum 1886/90 ein Rückgang eingetreten ist, insofern die Beträge zwischen 5,85 und 5,54 Bushel schwanken.

Die Frage, wie sich Verbrauch und Selbsterzeugung in jedem einzelnen Lande gestalten, wird immerhin noch am besten durch Vergleichung der Handelsbewegung entschieden. Denn da das Getreide eine Lagerung auf lange Jahre hinaus aus verschiedenen Gründen nicht verträgt, so darf man annehmen, daß auf solche Weise wenigstens die Ausfuhrmöglichkeit und das Einfuhrbedürfnis ziemlich genau klargestellt werden.

Die Länder, in welchen die Einfuhr an Getreide und Mehl unbedingt notwendig ist und während der letzten Jahre ausnahmslos stattfand, sind: Großbritannien und Irland, die Niederlande, Frankreich, Belgien, das

Werte der Reinausfuhr und der Reineinfuhr nach Ländern.   63

Deutsche Reich, Italien, die Schweiz, Spanien, Norwegen, Griechenland, Portugal, Finnland und Tripolis. Diesen gegenüber steht die Gruppe der Ausfuhrländer. In Europa sind es Rußland, Österreich-Ungarn, Rumänien, die Türkei, Bulgarien und Serbien; von auswärtigen Ländern kommen die Vereinigten Staaten, Canada, Argentinien, Chile, Uruguay, Brit. Ostindien, Japan, Persien, Kleinasien, Algerien, Ägypten und Australasien in Betracht. Amphibischer Natur sind Dänemark, Schweden und Tunis insofern, als je nach dem günstigen oder ungünstigen Ausfall der Ernte bald die Einfuhr bald die Ausfuhr überwiegt.

Um über die Werte und Mengen, welche in dem Wirtschaftshaushalt der einen Ländergruppe als Reineinfuhr oder Ausgabe, in dem der andern als Reinausfuhr oder Einnahme gelten können, einen Begriff zu geben, habe ich die folgende Tabelle aufgestellt. In dieser sind die Mengen des Bedarfs wie des Überschusses mit zwei Reihen — Durchschnitt von 1877—82 und 1888 — versehen, für die Werte ist nur das Jahr 1888 eingesetzt worden, weil dafür die Summen von allen Ländern gleichmäßig vorliegen. Noch neuere Zahlen als 1888 habe ich nur bei der Wertrubrik eingesetzt, soweit ich solche ausfindig machen konnte.

Länder mit beständiger Reineinfuhr an Getreide und Mehl.

	Jahresdurchschnitt 1877/82 in tausend MC.	Menge 1888 in tausend MC.	Wert 1888 in Mill. Mk.	Wert neuerer Zeit in Mill. Mk.
Großbritannien und Irland	65 383	74 120	1 032	1 207
Deutsches Reich	16 871	16 760	177	377
Frankreich	23 011	29 950	288	322
Belgien	6 512	10 890	164	178
Niederlande	2 901	7 410	149	?
Italien	3 318	6 690	118	50
Schweiz	3 466	4 530	81	103
Spanien	365	3 220	47	38
Norwegen	2 143	3 000	34	37
Portugal	1 076	1 410	22	19
Griechenland	1 065	1 470	27	26

Länder mit beständiger Reinausfuhr.

Rußland	42 965	86 020	795	738
Vereinigte Staaten	70 613	35 460	487	538
Brit. Ostindien	8 000	21 530	308	111
Rumänien	12 376	16 393	166	191
Österreich-Ungarn	3 886	11 280	258	220
Bulgarien	2 983	4 280	38	47
Argentinien	2 800	3 470	58	99
Australasien	3 305	3 420	33	—

Der Verbrauch von Getreide und Kartoffeln.

	Jahresdurchschnitt 1877/82 in tausend MC.	Menge 1888 in tausend MC.	Wert 1888 in Mill. Mk.	Wert neuester Zeit in Mill. Mk.
Canada	3 744	3 180	41	35
Ägypten	954	1 450	16	6
Algerien	1 450	1 010	18	32
Chile	2 000	1 230	22	13
Serbien	288	900	· 8	7
Türkei in Asien und Europa	3 918	3 367	33	62
Uruguay	118	440	6	6

Länder mit Wechsel in Reineinfuhr (—) und Reinausfuhr (+).

Schweden	+ 693	— 300	— 11	— 24
Dänemark	+ 867	— 180	— 15	— 21
Tunis	+ 142	— ?	— 4	+ 9

Zu den Ländern mit Reineinfuhr gehören außer den aufgezählten noch Irland, Paraguay, Finnland und neuerdings auch das Kapland. Finnland hatte 1889 eine Reineinfuhr von 19,4 Mill. Mk., das Kapland von 4,3 Mill. Mk., Paraguay eine solche von 67 122 MC. und Irland von 50 134 MC. (Werte sind nicht offiziell bekannt gegeben.)

Zu den Ländern mit Reinausfuhr sind Persien mit 1,95 Mill. Mk. (1889) und Marokko mit 3,2 Mill. Mk. (1889) hinzuzurechnen.

Vierter Abschnitt.

Der Handel mit Getreide, Mehl und Kartoffeln.

Der Handel mit Getreide, Mehl und Kartoffeln, eine natürliche Folge der je nach den Örtlichkeiten verschiedenen Faktoren des Überschusses und des Bedarfs, ist von der höchsten wirtschaftlichen Bedeutung nicht nur wegen der riesigen Summen, die dadurch ins Rollen gebracht werden, sondern auch weil er die Verkehrsmittel aller Art unausgesetzt beschäftigt und bestimmter Vorrichtungen zum Lagern bedarf. So setzt der Handel mit Brotstoffen eine große Zahl werkthätiger Hände in Beschäftigung und bringt ihnen lohnenden Erwerb. Er bewegt sich aber nicht allein auf den großen Verkehrslinien zu Wasser und zu Lande, sondern verzweigt sich auch in Form eines dichten Netzes des Kleinhandels ganz besonders über diejenigen Länder und Landesteile, in denen die eigene Erzeugung den Bedarf nicht deckt.

Den Handel mit Brotstoffen bis in seine letzten Verzweigungen zu verfolgen, verbietet der Raum wie der Charakter unserer weltwirtschaftlichen Einzelbilder. Wir müssen uns zufrieden geben, wenn es gelingt, die Hauptthatsachen in übersichtlicher Weise vorzuführen und die wichtigsten Richtungen zu bezeichnen, welche den Transporten gegeben werden, um ihre Bestimmung zu erreichen.

Zunächst soll die Handelsbewegung in den einzelnen Getreidearten, Mehl (und Malz) sowie in Kartoffeln mitgeteilt werden. Da die Zahlen für die in Betracht kommenden Länder in recht verschiedenem Zeitmaße veröffentlicht zu werden pflegen, so muß man, um ein einheitliches Jahresbild zu erhalten, auf ein früheres Jahr zurückgreifen. Ich habe dafür das Jahr 1888 gewählt als dasjenige, wofür das Material vollständig vorlag. Aber wo neuere Zahlen zu Gebote standen, habe ich diese für das letztveröffentlichte Jahr stets hinzugefügt.

Um nun die Zahlen nicht zu häufen, habe ich in den nachstehenden Tabellen den folgenden Weg eingeschlagen. Ich habe die Beträge für Ein- und Ausfuhr zusammengerechnet und dieser Summe die Reinausfuhr oder Reineinfuhr gegenübergestellt. Daraus lassen sich durch ein einfaches Verfahren die Bruttobeträge für Ein= und Ausfuhr herleiten. Man zieht nämlich die jeweilige Reineinfuhr oder Reinausfuhr von der Summe der Gesamthandelsbewegung ab und teilt den Rest mit zwei. Die eine Hälfte rechnet man, wenn z. B. Reinausfuhr vorhanden ist, dieser hinzu und erhält dann die Bruttoausfuhr; die andere Hälfte aber stellt die Brutto=einfuhr dar.

Die in den folgenden Tabellen aufgeführten Zahlen, welche auf Tausende von MC. abgekürzt sind, sprechen für sich selbst und bedürfen daher keiner längeren Erörterung. Nur soviel möchte ich vorher bemerken, daß weitaus die meisten Länder der Hauptsache nach entweder ausführen oder einführen. Zwischenhandel ist im allgemeinen von Land zu Land nur wenig ausgebildet; streng genommen betreiben ihn nur die Niederlande und nächstdem Belgien in ansehnlichem Maße.

Handelsbewegung in Brotstoffen nach Tausenden von MC.

Weizen.

	1888			Ein späteres Jahr		
	Handels-bewegung	Rein-ausfuhr	Rein-einfuhr	Handels-bewegung	Rein-ausfuhr	Rein-einfuhr
Rußland . .	34 284	34 094		90	29 860*	
Österr.=Ung.	4 154	4 130		89	2 576	2 542
Rumänien .	5 050	4 994		91		4 810*
Bulgarien .	2 331	2 217		90		2 690*
Serbien . .	890	890		90		635*
Türkei . .	2 662	270		89	3 550	1 774
Großbritannien	29 321		28 857	90	30 380	30 094
Frankreich .	11 370		11 344			
Belgien . .	10 084		6 214	90	21 363*	11 291†
Italien . .	6 724		6 672	91	6 014*	5 096††
Deutsch. Reich	3 411		3 387	91	9 056	9 049
Niederlande .	7 984		2 476			
Schweiz . .	3 005		2 990			
Griechenland	1 557		1 485			
Portugal .	1 026		1 026	89	947	947
Schweden .	483		483	90	572	572
Dänemark .	704		348		715	107
Island . .	1		1			
Spanien . .	202		202	90	1 603	1 603
Europa .	124 018	46 527	67 585			

---

* Bruttoausfuhr. † Sämtliche Getreidearten. †† Weizen und andere Getreidearten.

Weizen, Roggen.

	1888			Ein späteres Jahr		
	Handels- bewegung	Rein- ausfuhr	Rein- einfuhr	Handels- bewegung	Rein- ausfuhr	Rein- einfuhr
Ver. Staaten	17 729	17 729		89/90 16 314	16 314	
Canada ..	3 420	536		90		723*
Argentinien .	1 790	1 788		91		3 088*
Chile . .	1 400	1 400				
Uruguay .	101	101				
Paraguay .				90	26	26
Algerien . .	844	712				
Ägypten . .	327	219		90		380*
Tunis . .	272	102				
Brit. Indien	8 946	8 946		90/91		7 620
Japan . .	51	51				
Australasien	4 231	3 213				
Ausw. Länder	39 111	32 797				
Gesamtsumme	163 199	99 324	67 585			

Roggen.

	1888			Ein späteres Jahr		
	Handels- bewegung	Rein- ausfuhr	Rein- einfuhr	Handels- bewegung	Rein- ausfuhr	Rein- einfuhr
Rußland . . .	17 848	17 692		90	12 610	12 610
Rumänien 87 . .	1 326	1 300		91	560	560
Bulgarien . .	374	374		90	280	280
Türkei. . . .	123	105		89	175	145
Österr.-Ungarn .	83	31		89	69	3
Deutsches Reich .	6 551		6 523	91	8 427	8 425
Niederlande . .	9 171		3 073			
Norwegen . .	1 924		1 920	90	1 586	1 586
Belgien . . .	1 429		1 429	Vgl. Weizen		
Schweden . .	1 306		1 302	90	1 176	1 174
Dänemark . .	1 391		1 291	90	820	718
Frankreich . .	498		458			
Schweiz . . .	77		77			
Island 87 . .	23		23			
Verein. Staaten .	70		70	89/90	625	625
Gesamtsumme	42 038	19 467	16 073			

* Bruttoausfuhr.

68   Der Handel mit Getreide, Mehl und Kartoffeln.

Hafer.

	1888			Ein späteres Jahr		
	Handelsbewegung	Reinausfuhr	Reineinfuhr	Handelsbewegung	Reinausfuhr	Reineinfuhr
Rußland...	13 980	13 972		90	8 490*	
Schweden..	1 701	1 607		90	724	638
Rumänien..	308	306		90	100	100*
Österr.-Ungarn.	403	237		89	570	70
Türkei...	232	224		89	420	418
Serbien...	70	58				
Norwegen..	39	37		90	1 022	1 022
Großbritannien.	9 536		9 536	Vgl. Mais		
Frankreich..	3 940		3 892			
Deutsches Reich	1 831		1 795	91	1 201	1 195
Dänemark..	573		561	90	236	219
Schweiz...	514		512			
Italien...	181		173			
Niederlande..	3 521		57			
Europa..	36 664	16 220	16 526			
Kanada...	91	91		90	141	141*
Ver. Staaten.	53	53		89/90	2 190	2 190*
Algerien...	357	357				
Australien..	875	41				
Ausw. Länder	1 376	542				
Gesamtsumme	38 040	16 762	16 526			

Gerste.

	1888			Ein späteres Jahr		
	Handelsbewegung	Reinausfuhr	Reineinfuhr	Handelsbewegung	Reinausfuhr	Reineinfuhr
Rußland....	13 614	13 614		90	9950*	
Österreich-Ungarn.	5 448	5 367		89	3276	3162
Rumänien...	2 073	2 061		91	2730*	
Türkei in Europa und Asien..	1 602	798		89	1793	1041
Dänemark...	735	403		90	513	213
Bulgarien...	242	242		90	270*	
Schweden...	271	235		90	90		8

* Brutto.

Hafer, Gerste, Mais.

	1888			ein späteres Jahr		
	Handelsbewegung	Reinausfuhr	Reineinfuhr	Handelsbewegung	Reinausfuhr	Reineinfuhr
Serbien ...	53	53				
Spanien ...	12	12				
Großbritannien	11 012		10 634	vgl. Mais		
Deutsches Reich	4 680		4 216	91 7291		7216
Belgien	2 376		2 376	vgl. Weizen		
Frankreich ...	1 967		1 199			
Niederlande ..	3 372		1 128			
Norwegen ...	501		499	90		531*
Schweiz	140		138			
Italien	125		77			
Griechenland ..	11		11			
Island 87 ...	11		11			
Portugal ...	3		3			
Europa ...	44 773	19 940	20 281			
Canada [m. Roggen]	2 202	2 202		90 2476	2476	
Vereinigte Staaten	129	129				
Chile	190	190				
Argentinien ..	22		6			
Algerien ...	735	101				
Ägypten ...	6	6		90		95*
Australien ...	142		58			
Ausw. Länder .	3 429	2 637	64			
Gesamtsumme .	48 202	22 577	20 705			

	Mais. 1888			Dasselbe in einem späteren Jahre		
	Handelsbewegung	Reinausfuhr	Reineinfuhr	Handelsbewegung	Reinausfuhr	Reineinfuhr
Rumänien 87 ..	7 358	7 306		91		2 460
Rußland ...	2 585	2 585		90	3 380	3 380
Bulgarien ...	721	721		90	1 340	1 340
Türkei	632	534		89	680	670
Italien	259	215				
Belgien	5 883	189		vgl. Weizen		
Serbien	22	4				

* Brutto.

Der Handel mit Getreide, Mehl und Kartoffeln.

	1888			Dasselbe in einem späteren Jahre		
	Handels-bewegung	Rein-ausfuhr	Rein-einfuhr	Handels-bewegung	Rein-ausfuhr	Rein-einfuhr
Großbritannien	12 888		12 888	90		39 355*
Frankreich	3 246		3 128			
Deutsches Reich	942		942	91	4 083	4 083
Österreich-Ungarn	736		386	89	958	16
Schweiz	278		276			
Dänemark	230		224	90	1 426	1 213
Portugal	126		126			
Schweden	1		1	90	164	164
Europa	35 271	11 086	17 971			
Vereinigte Staaten	6 239	6 239		89/90	28 550	28 550
Kanada	1 246		628	90	1 759	1 759 Brutto
Argentinien	1 620	1 620		91	5 832	5 832
				90	7 073	7 073
Uruguay	186	186				
Paraguay	26		26			
Ägypten	257	233		89	56	56
Algerien	92		92			
Australien	243		45			
Auswärt. Länder	9 883	8 278	765			
Gesamtsumme	45 154	19 364	18 736	90	260	260

Mehl (und Malz).

	1888			Ein späteres Jahr		
	Handels-bewegung	Rein-ausfuhr	Rein-einfuhr	Handels-bewegung	Rein-ausfuhr	Rein-einfuhr
Österreich-Ung.	2 072	2 068		89	1 771	1 767
				Malz	1 327	1 324
Deutsch. Reich Mehl	1 688	1 424	619	91 Mehl	1 201	882
Malz	667			Malz	660	640
Rußland	849	815		90	1 060	1 060
Dänemark	412	276		90 Mehl	302	116
				Malz	32	22
Rumänien	94	94		91	80	80
Bulgarien	44	44		90	20	20
Italien	61	5		91	17	1
Großbritannien Mehl	9 147		8 705	90	16 657	16 213
Malz	46	46				
Spanien	476		248			

* Alle Getreidearten außer Weizen. ** Brutto.

Mais, Mehl (und Malz), Buchweizen, Hirse u. a. 71

		1888		Ein späteres Jahr		
		Handels- bewegung	Rein- ausfuhr	Rein- einfuhr	Handels- bewegung	Rein- ausfuhr	Rein- einfuhr
Belgien . . .		750		744	90 1 886		12
Niederlande .		1 596		596			
Schweiz	Mehl	413		311			
	Malz	184		184			
Norwegen . .		484		432			
Schweden . .		417		355	90 422		366
Frankreich . .		595		389			
Portugal . . .		53		41			
Island 87 . .		15		15			
Griechenland .		14		10			
Serbien . . .		10		8			
Europa . .		20 013	4 772	12 657			
Ver. Staaten .		10 898	10 898		89/90 12,23 Mill. Fässer	12,23 Mill. Fässer	
Canada . . .		502	130		90 24,5 Mill. Liter	24,5 Mill. Liter	
Uruguay . .		180	180				
Argentinien . .		65	63		90 120		120
Chile . . .		36	36				
Paraguay . .					90 26		26
Algerien . .		100		64			
Ägypten . . .		99		91			
Australien . .		2 669	269				
Ausw. Länder		14 569	11 576	155			
Gesamtsumme		34 582	16 348	12 812			

Buchweizen, Hirse u. a.

	Aus- u. Einfuhr	Reinausfuhr	Reineinfuhr
Bulgarien	660	660	
Dänemark	85		17
Deutsches Reich . . .	251		247
Frankreich	10 979		9 543
Großbritannien	3 496		3 496
Italien	431	19	
Rumänien	269	269	
Rußland	4 491	4491	
Österreich-Ungarn . . .	212		164
Spanien	430		398
Argentinien	15	15	
Gesamtsumme . . .	21 159	5439	13 865

72 Der Handel mit Getreide, Mehl und Kartoffeln.

Kartoffeln.

	1888 Handelsbewegung	Reinausfuhr	Reineinfuhr	Ein späteres Jahr Handelsbewegung	Reinausfuhr	Reineinfuhr
Belgien . . .	1 671		1 325			
Dänemark . . .	32		16			
Deutsches Reich .	2 730	1 563		90 3 301	91 1 234	
Frankreich . . .	1 437	891				
Großbritannien .	1 236		1 186			
Italien	152	152				
Niederlande . .	1 393	31				
Österreich-Ungarn	422	40				
Portugal . . .	114	50				
Rußland . . .	325	325				
Schweden . . .	21		15	90 84	84	
Norwegen . . .	10		8			
Schweiz . . .	348		330			
Europa . . .	9 900	3 002	3 880			
Canada . . .				90	53 Mill. Lit.	
Vereinigte Staaten	2 641		2 395			
Australien 87 . .	1 513		29			
Ausw. Länder	4 154	3 002				
Gesamtsumme .	14 054	3 002	6 306			

Der Unterschied zwischen der Ausfuhr und Einfuhr rührt daher, daß für gewisse Länder, die mit Kartoffeln handeln, keine Zahlen vorliegen. So steht es z. B. fest, daß Canada eine bedeutende Menge Kartoffeln nach den Vereinigten Staaten ausgeführt.

Gesamte Handelsbewegung in Brotstoffen im Jahre 1888.
In Millionen von MC.

	Europa		Auswärt. Länder		Gesamtsumme	
	Ausfuhr	Einfuhr	Ausfuhr	Einfuhr	Ausfuhr	Einfuhr
Weizen	89,8	73,3	36,9	2,1	52,9	71,1
Roggen	22,7	19,3	—	—	22,7	19,3
Mais	22,9	22,3	8,7	1,2	14,2	21,1
Gerste	27,2	20,9	3,0	0,4	24,2	20,5
Hafer	19,1	18,9	0,9	0,4	18,2	18,5
Verschied. Getreide	6,4	14,8	—	—	6,4	14,8
Mehl und Malz .	19,1	15,4	13,0	1,5	6,1	13,8
Kartoffeln . . .	5,8	8,2	0,8	3,3	5,0	4,9
	149,7	184,1	63,3	8,9	213,0	193,0

Kartoffeln. Gesamthandel in Brotstoffen. 73

Gesamtbeträge der Reinausfuhr und der Reineinfuhr
in Brotstoffen.

	In Tausenden von MC.		Ein späteres Jahr	
	Reinausfuhr 1888	Reineinfuhr	Reinausfuhr	Reineinfuhr
Rußland	87 589		90 65 650	
Rumänien	16 330		90 10 740	
Österreich-Ungarn	11 609		89 8 884	
Bulgarien	4 283		90 3 394	
			91 7 947	
Türkei in Europa und Asien	3 078		89 5 816	
Serbien	997			
Großbritannien		55 256	90	86 662 ohne Kartoffeln
Frankreich		29 152		
Deutsches Reich		14 742	91	31 326
Belgien		11 657	90	11 203 ohne Kartoffeln
Italien		6 433	91	5 096
Niederlande		6 299		
Schweiz		3 890		
Spanien		3 048		2 871
Norwegen		2 877	90	1 211
Dänemark		1 778	90	912
Griechenland		1 506		
Portugal		1 146	90	1 633
Schweden		314	90	912 ohne Kartoffeln
Island		50		
Europa	123 886	137 148		

Ver. Staaten	32 713		89/90 172,29 Mill. Bushel 12,23 „ Fässer
Canada	2 331		90 8,04 Mill. hl
Argentinien	3 465		90 10 372
Chile	1 626		
Uruguay	482		
Paraguay		66	
Algerien	1 014		
Ägypten	367		
Tunis	102		90 531
Brit. Indien	8 946		
Japan	51		90 7 260
Australasien	3 391		
Ausw. Länder	54 488	66	

Der Handel mit Getreide, Mehl und Kartoffeln.

In der vorstehenden Tabelle sind die Gesamtbeträge der Reineinfuhr und Reinausfuhr an Brotstoffen zusammengestellt, und zwar für 1888 gleichmäßig durchgeführt, für die allerneueste Zeit zwar lückenhaft, weil das betreffende Material nicht vollständig vorliegt, aber doch in der Weise sich darstellend, daß man für eine Reihe von Ländern den Wechsel der Verhältnisse erkennen kann.

So wichtig nun aber auch die Kenntnis der Gesamtmengen wie der Reinbeträge ist, so lassen diese doch das gegenseitige Verhältnis der Länder nicht ohne weiteres mit voller Klarheit erkennen, da eben nur die absoluten Summen, nicht aber die auf den Kopf der Bevölkerung entfallenden Anteile darin ausgedrückt sind. Im Folgenden soll dies letztere Verhältnis in der Weise dargestellt werden, daß die Länder mit Reinausfuhr denen mit Reineinfuhr gegenübergestellt werden, bei jedem einzelnen aber der auf den Kopf entfallende Anteil in Kilo angegeben wird.

Länder mit Reinausfuhr			Länder mit Reineinfuhr		
Rumänien	297,0	kg per Kopf	Belgien	194,3	kg per Kopf
Bulgarien	138,1	„	Norwegen	147,3	„
Rußland	95,2	„	Großbritannien	145,0	„
Australasien	94,2	„	Niederlande	143,2	„
Argentinien	91,2	„	Schweiz	134,1	„
Uruguay	80,0	„	Dänemark	84,7	„
Chile	54,2	„	Frankreich	78,7	„
Ver. Staaten	52,8	„	Island	72,5	„
Canada	50,7	„	Griechenland	71,3	„
Serbien	47,5	„	Deutsches Reich	30,4	„
Österreich-Ung.	28,3	„	Portugal	26,5	„
Algerien	26,0	„	Italien	21,3	„
Türkei in Europa und Asien	14,7	„	Paraguay	20,0	„
Tunis	6,6	„	Spanien	17,1	„
Ägypten	5,4	„	Schweden	6,7	„
Indien	4,4	„			

Die durch den Getreidehandel in Bewegung gesetzten Wertsummen im einzelnen zu verfolgen, dazu mangelt hier der Raum. Ich will nur bemerken, daß der Gesamtumsatz in Getreide und Mehl von Land zu Land nach Neumann-Spallart-Juraschek im Jahre 1888 eine Summe von 5529 Mill. Mk. ausmachte. Aus dem Vergleich früherer Jahre geht hervor, daß die Handelsbewegung in Brotstoffen während der achtziger Jahre einen bedeutenden Rückgang durchgemacht hat, denn in den letzten Jahren des siebenten Dezenniums betrug sie stets über 6000 Mill. Mk., einmal sogar 7301 Mill. Mk. (1879). Von da bis 1886 sank die Summe unausgesetzt bis auf 4805 Mill. Mk.

Wertsumme des Handels. Einfuhr- und Bezugsländer. 75

herab, um sich dann wieder zu heben. Die Wertbewegung in Kartoffeln hat sich der eben geschilderten parallel vollzogen. Auch sie hatte ihren Höhepunkt im Jahre 1879 mit 134 Mill. Mk. Von da ging sie auf 56 Mill. (1887) zurück, 1888 aber stieg sie wieder auf 84 Mill. Mk. Bereits an einer früheren Stelle wurde darauf aufmerksam gemacht, daß der Handel mit Brotstoffen in den meisten Ländern entweder in Ausfuhr oder in Einfuhr besteht, je nachdem die eigene Erzeugung einen Überschuß liefert oder einen Mangel aufweist. Hierbei ist es nun von Interesse zu sehen, in welcher Weise sich die Länder gegenseitig aushelfen. Da es aber zu viel Raum kosten würde, den Austausch zwischen allen Gebieten durch die betreffenden Zahlen zu belegen, so werde ich bei den Einfuhrländern in der nachstehenden Tabelle die Bezugsgebiete angeben, soweit diese letzteren eine beträchtliche Eigenausfuhr haben.

Einfuhrland	Wichtigste Bezugsländer									
Großbrit.	Rußl. Union	Öst.-Ung.	Rum.	Türk. Bulg. Don.	Can.	Chile Urug.	Austr.	—	—	Alger.
Frankreich	Rußl. Union	—	—	Türk. Bulg.	—	Zlg. Urug.	Rußl.	—	—	Alger.
Deutsch. Reich	Rußl. Union	Öst.-Ung.	Rum.	—	—	Zlg. Urug.	—	—	—	—
Belgien	Rußl. Union	—	Rum.	Östind.	—	—	—	—	—	—
Niederlande	Rußl. Union	—	Rum.	Östind.	—	—	—	—	—	—
Italien	Rußl. Union	Öst.-Ung.	Rum.	Türk.	—	—	—	—	—	—
Schweiz	Rußl.	Öst.-Ung.	—	—	—	—	—	—	—	—
Spanien	Rußl. Union	—	—	Türk.	—	Urug.	Argt.	—	—	Alger.
Norwegen	Rußl.	—	—	—	—	—	—	—	—	—
Griechenland	—	Öst.-Ung. Rum.	—	—	—	—	—	—	—	—
Portugal	Rußl. Union	—	—	—	—	—	—	—	—	Marok.
Schweden	Rußl. Union	—	—	—	—	—	—	—	—	—
Dänemark	Rußl.	—	—	—	—	—	—	—	—	—

Der Handel mit Getreide, Mehl und Kartoffeln.

Den Getreidehandel des Deutschen Reiches will ich im Folgenden etwas näher darlegen. Zuerst werde ich die Veränderungen, welche bezüglich der einzelnen Artikel im Laufe des letzten Jahrzehntes erfolgt sind, in Tausenden von MC. zur Anschauung bringen.

	1881		1890	
	Gesamthandel	davon Reineinf.	Gesamthandel	davon Reineinf.
Weizen	4 153	3 076	6 527	6 724
Roggen	5 870	5 639	8 800	8 798
Mais und Dari	4 304	4 304	5 619	5 619
Gerste	3 671	1 285	7 417	7 188
Hafer	2 942	2 310	1 921	1 872
Buchweizen	146	146	254	254
Malz	550	376	737	717
Mehl	1 266	276	1 321	1 002 Reinausf.
Kartoffeln	2 629	1 979 Reinausf.	1 893	82
Zusammen	25 531	15 424	34 489	30 255

Die Hauptlieferanten des Deutschen Reiches sind Rußland und Österreich-Ungarn, wie es die folgende Tabelle zeigt, in der die Gesamteinfuhr nebst den diesen Ländern entstammenden Beträgen für das Jahr 1891 mitgeteilt wird:

			Aus Rußland	Aus Österreich-Ungarn
Weizen	9 067	Tausend MC.	5 162	751
Roggen	8 423	„	6 202	309
Gerste	7 261	„	2 950	3 097
Hafer	1 199	„	1 036	103
Buchweizen	366	„	—	14
Hirse	164	„	—	—
Mais	4 083	„	—	765
Kartoffeln	2 267	„	—	784
Malz	650	„	—	645
	33 481	Tausend MC.	15 350 = 46 %	6 548 = fast 20 %.

Im Jahre 1889 hatte sich der Handelsverkehr des Deutschen Reiches mit allen Ländern, soweit sie die Reichsstatistik spezifiziert, folgendermaßen gestaltet:

Handel des Deutschen Reiches.

Handelsverkehr des Deutschen Reiches mit andern Ländern im Jahre 1880.

	Einfuhr Getreide nebst Hülsenfrüchten Tonnen	Ausfuhr Tonnen	Einfuhr Malz Tonnen	Einfuhr Mehl Tonnen	Ausfuhr Mehl Tonnen
Deutsche Freihäfen und Zollanschlüsse	18 188	4 145	25	36	9 085
Belgien	62 256	28 646	48	78	1 585
Dänemark . . .	7 441	2 694	27	1	6 811
Frankreich . . .	16 687	2 577	27	16	7 213
Großbritannien .	1 741	19 647	19	41	41 787
Italien	1 929	156	—	2	5
Niederlande. . .	101 949	51 630	201	31	28 812
Norw. u. Schwed.	377	2 534	—	—	45 184
Österreich-Ungarn.	500 263	7 690	80 160	13 345	47
Portugal u. Span.	147	58	—	—	234
Rußland . . .	1 922 508	370	334	113	418
Schweiz	3 880	25 300	88	47	3 823
Übr. europ. Länder und asiat. Türkei	138 599	291	—	—	—
Vereinigte Staaten	172 634	1 367	—	191	33
Sonstige Länder .	9 496	742	—	21	211

Aus den angeführten Zahlen geht mit voller Deutlichkeit die Erkenntnis hervor, daß das Deutsche Reich in den letzten zehn Jahren seine Einfuhr an denjenigen Stoffen, welche es schon früher aus dem Auslande bezog, um mehr als das Doppelte vermehren mußte, und daß zugleich die Ausfuhr an Kartoffeln ganz aufhörte, wofür diejenige an Mehl einigen Ersatz bietet. In entsprechendem Maß stieg auch der Geldbetrag, welcher als Entgelt für die eingeführten Gegenstände an das Ausland entrichtet wird. Auf den Kopf der Bevölkerung übertragen machte dieser im Jahre 1888 rund 3,40 Mk., 1890 aber 7,80 Mk. aus. Berechnet man dieses Verhältnis auch für die andern Einfuhrländer, so gestaltete sich im Jahre 1888 der Betrag, welcher auf den Kopf der Bevölkerung an das Ausland für Brotstoffe entrichtet wurde, wie folgt:

Niederlande . . .	33,10 Mark		Dänemark	7,10 Mark
Schweiz	29,30 „		Portugal	4,60 „
Belgien	29,00 „		Italien	4,00 „
Großbritannien . .	27,60 „		Deutsches Reich . .	3,40 „
Norwegen . . .	17,90 „		Spanien	2,80 „
Griechenland . .	12,90 „		Schweden	2,30 „
Frankreich . . .	7,30 „			

Handelsbewegung, Getreideein- und Ausfuhr.

Stellen wir dieser von den genannten Ländern für Brotstoffe bezahlten Kopfsteuer die Einnahmen gegenüber, die den Ausfuhrländern aus ihren Überschüssen im Jahre 1888 zuflossen, so entsteht die folgende Reihe:

Rumänien	... 30,00 Mark	Canada	...	8,00 Mark
Argentinien	... 15,00 „	Chile	...	7,00 „
Bulgarien	... 12,00 „	Österreich-Ungarn	.	6,00 „
Australasien	... 9,00 „	Algerien	...	5,00 „
Rußland	... 8,50 „	Serbien	...	4,00 „
Uruguay	... 8,50 „	Ägypten	...	2,30 „
Vereinigte Staaten	. 8,00 „			

Fünfter Abschnitt.

Die Zukunft des Getreidebaues.

Nach den vorausgegangenen Erörterungen über die Getreidefrage kann man sich einstweilen dem beruhigenden Gefühle hingeben, daß bei mäßig guten Ernten der zur Zeit vorhandene Bedarf an Brotstoffen durch die ungleich verteilte Erzeugung vollauf gedeckt wird. Daß gewisse Länder bedeutende Geldsummen alljährlich für diesen unumgänglich notwendigen Gegenstand an fremde abgeben müssen, kann man ja im Interesse der ersteren beklagen. Aber im Hinblick auf die Weltwirtschaft ist eine solche Auffassung der Dinge gewiß nicht gerechtfertigt. Denn was sollte überhaupt mit Handel und Verkehr werden, und wie stände es um den allgemeinen Fortschritt, wenn jedes Land den wesentlichen Teil seiner Bedürfnisse selbst hervorbrächte?

Eine andere Frage aber, die man nicht ganz unberücksichtigt lassen darf, ist die, ob auch in weiterer Zukunft, wie heute noch, die Gesamterzeugung den Gesamtbedarf an Brotstoffen ausgleichen werde oder ob in absehbarer Zeit ein Zustand zu erwarten ist, wo die Erzeugung in ihrer gegenwärtigen Ausdehnung den an sie gestellten Ansprüchen nicht mehr genügen wird. Sollte man aber zu der Erkenntnis gelangen, daß dieser Fall, wenn nicht bestimmt zu erwarten, so doch möglich sei, so erhebt sich dann die weitere Frage, ob auf der Erde noch Raum vorhanden ist, der eine wesentliche Erweiterung des Anbaues an Brotstoffen unter Beachtung der übrigen wirtschaftlichen Gesichtspunkte und Faktoren gestattet.

Beschäftigen wir uns zunächst mit der Frage, ob der Anbau an Brotstoffen in seiner gegenwärtigen Ausdehnung auch für die Zukunft dem Bedürfnis entsprechen wird und wie lange.

Die Beantwortung dieser Frage ist nicht ganz so einfach, wie sie vielleicht manchem scheint. Denn, um sie scharf zu geben, sind keineswegs alle Vorbedingungen seitens der Statistik erfüllt. Man müßte nämlich genau wissen, wie groß die jährliche Erzeugung in allen Ländern ist und wie viel von dieser bis zur nächsten Ernte verbraucht wird oder als Vorrat übrig bleibt und in das nächste Verbrauchsjahr übergeht, ganz zu schweigen von der unberechenbaren Möglichkeit einer guten oder schlechten Ernte. Was aber eine solche zu besagen hat, das lehrt eine kurze Betrachtung der früher von mir angeführten sowie einiger neuer Zahlen. Ich erwähne z. B., daß sich die Ernte Rußlands in allen Getreidearten im Jahre 1891 auf 246½ Mill. Tschetwert = 517,65 Mill. hl belief, aber doch 66 Mill. Tschetwert = 139,6 Mill. hl weniger als im Jahre 1890 betrug. Der Ausfall machte also 21% aus; er schädigte aber nicht nur das russische Nationalvermögen um den Betrag von mindestens 1000 Mill. Mk., sondern er bewirkte auch, daß in den Ländern, welche auf die russische Ausfuhr angewiesen sind, eine Steigerung des Brotpreises fast um das Doppelte eintrat, ein Umstand, der für gewisse Klassen der Bevölkerung die Kaufkraft gegenüber andern Erzeugnissen entweder lähmte oder ganz unterdrückte. Ich erinnere ferner daran, daß eine Maximalernte nur an Weizen und Roggen eine Durchschnittsernte um 207 Mill. hl, eine Minimalernte aber um 420 Mill. hl übertrifft. Nimmt man nun den Kopfbedarf an Weizen und Rogggen nach gutem deutschen Jahresdurchschnitt zu 2 MC. = 2,7 hl an, so vermag eine Maximalernte ungefähr 76 Mill. Menschen mehr als eine Durchschnittsernte und 155 Mill. Menschen mehr als eine Minimalernte zu ernähren. Oder anders ausgedrückt, in der Annahme, daß eine Maximalernte gerade das Bedürfnis deckt, so muß bei einer Durchschnittsernte die Bevölkerung Großbritanniens und Frankreichs, bei einer Minimalernte aber diejenige des russischen und des Deutschen Reiches die Brotnahrung auf ein Jahr entbehren.

Aber gerade dieses Verhältnis giebt einen Fingerzeig, wie wir der schwierigen Frage unter bestimmten Voraussetzungen beikommen können. Nehmen wir einmal an, daß eine Minimalernte bei der gegenwärtigen Ausdehnung des Anbaues der Getreidearten das Bedürfnis der in den früheren statistischen Reihen erwähnten Länder auf ein Jahr decken würde, so dürfte dies etwa der Wirklichkeit entsprechen. Die Einwohnerzahl derjenigen Länder nun, welche in unserer Getreidestatistik berücksichtigt worden sind, beträgt rund 790 Mill., die Minimalernte aber an Getreide 2760 Mill. hl und an Kartoffeln 755 Mill. MC. Demnach entfallen auf den Kopf durchschnittlich 3,5 hl Getreide und 0,95 MC. Kartoffeln. Nun verhält sich, wenn wir die Kartoffel aus dem Spiele lassen, eine Minimalernte an Getreide zu einer Durchschnitts- und Maximalernte wie 276 : 320 : 380 oder wie 100 : 116 : 138. Oder anders ausgedrückt: Wenn eine Minimalernte das Gesamtbedürfnis eines Jahres deckt, so reicht eine Durchschnittsernte für ein Jahr und 58 Tage, eine Maximalernte aber auf ein Jahr und 140 Tage. In diesen Berechnungen sind mit

Die Zukunft des Getreidebaues. 81

Kopfzahl und Getreideertrag auch Britisch-Ostindien und Japan berück=
sichtigt, zwei Länder, welche geeignet sind, das Ergebnis unserer Kalkulation
in ungünstigem Sinne zu beeinflussen, Japan, weil hier das Haupt=
nahrungsmittel der jetzt nicht in Frage kommende Reis ist, und Ostindien,
weil da annähernd derselbe Fall vorliegt und zugleich die Ernte an
anderen Getreidearten als Reis und Weizen in unsere Statistik nicht
mit aufgenommen werden konnte. Daher empfiehlt es sich, beide Länder
aus dem Spiele zu lassen.

Geschieht dieses, so ermäßigen sich wohl die Ernteerträge an Getreide
und die beteiligte Kopfzahl um die entsprechenden Beträge, während die
Ernteergebnisse für Kartoffeln: 755, 853 und 928 Mill. MC. unver=
ändert bleiben, aber das oben berechnete Verhältnis einer Minimalernte
an Getreide zu einer Durchschnitts= und Maximalernte ändert sich nicht.
Dagegen werden die Kopfbeträge höher und lauten bei einer Minimalernte
auf 5,7 hl Getreide und 1,6 MC. Kartoffeln.

Wenn nun, wie angenommen wurde, eine Minimalernte den Jahres=
bedarf von 468 Mill. Menschen gerade deckt, so wird eine Durchschnitts=
ernte bei gleichem Kopfbedarfe für etwa 543 Mill. und eine Maximal=
ernte an Getreide für 646 Mill. Menschen auszureichen. Eine Maximal=
ernte, d. h. eine solche, wo alle Gebiete auf den gegenwärtigen Anbauflächen
den höchsten Ertrag erzielen, ist aber erfahrungsgemäß ebensowenig zu er=
warten, wie eine allgemeine Minimalernte zu fürchten steht. Denn soweit
unsere Beobachtungen reichen, haben bisher niemals alle getreidebauenden
Länder in einem und demselben Jahre weder ihre höchsten noch ihre
geringsten Erträge zu verzeichnen gehabt. Die Sache gestaltet sich vielmehr
so, daß, wenn die eine Ländergruppe eine Mißernte durchmacht, eine
andere dafür bessere Erfolge hat und umgekehrt. Daher schwanken die
Gesamtergebnisse wohl von Jahr zu Jahr, aber sie fallen innerhalb eines
Jahres nie bis zu dem tiefsten Minimum, noch steigen sie bis zu dem
höchst erreichbaren Maximum, sondern sie bewegen sich in der Nähe des
Durchschnitts. Und was von dem Gesamtergebnis gilt, überträgt sich auch
auf die einzelnen Fruchtarten und Länder. Auch die einzelnen Fruchtarten
gedeihen nicht jedes Jahr in jedem Lande gleich gut oder schlagen gleichmäßig fehl.

Zu einem ähnlichen Ergebnis kommt auch der Herausgeber von
Neumann-Spallarts „Übersichten der Weltwirtschaft", F. von Juraschek.
Dieser sagt S. 167 der neuesten Ausgabe dieses Werkes wörtlich wie folgt:
„Vergleicht man die großen Produktionsgebiete unter einander, so ergiebt
sich, daß selten günstige oder ungünstige Ernten allerorten gleichzeitig ein=
treten. In Europa waren vorzügliche Erntejahre die Jahre 1887, 1888.
Indien aber hatte 1887 eine schlechte, 1888 eine mittlere Weizenernte; die
Vereinigten Staaten hatten dagegen 1887 eine schlechte Maisernte und

Mittelernten in den andern Feldfrüchten, 1888 eine schlechte Weizenernte und gute Hafer= und Maisernten. Schlechte Erntejahre waren in Europa 1885, 1886, 1880; in Indien ergab sich 1885 eine vorzügliche, 1886 eine mittlere und nur 1889 eine schlechte Weizenernte; in den Vereinigten Staaten war dagegen 1885 die Weizenernte sehr schlecht, die Maisernte aber recht gut, 1888 die Ernte überhaupt mittelgut, 1889 sogar sehr gut."

Wenn also eine Durchschnittsernte das jährlich zu erwartende Ergebnis ist, und wenn eine solche bei der gegenwärtigen Anbaufläche und bei dem gegenwärtigen Kopfverbrauch den Jahresbedarf von 543 Mill. Menschen liefert, so fragt es sich, wann die Gesamtheit der in Rechnung gesetzten Länder ihre jetzige Bewohnerzahl von 468 auf 543 Mill. gesteigert haben wird. In einem früheren Aufsatze, Petermann's Mitteilungen 1886 S. 134 ff., habe ich gezeigt, daß sich die Bevölkerung von Europa in einer fortschreitenden Vermehrung bewegt; und zwar beträgt nach etwa dreißigjährigem Durchschnitt der jährliche Zuwachs 0,8 %. Die progressive Vermehrung ist aber eine Eigentümlichkeit aller Kulturvölker und, wenn Frankreich im Jahre 1890 eine Ausnahme von dieser Regel machte, so ist dies sicherlich nur eine vorübergehende Erscheinung. Nimmt man nun an, daß jene Summe von 468 Mill. Menschen dem gleichen Vermehrungssatze wie Europa folgt, so macht das jährlich 3,74 Mill. aus, und die Zahl von 543 Mill. würde demnach in rund zwanzig Jahren oder im Jahre 2012 n. Chr. erreicht sein. Wem aber das Tempo zu schnell vorkommen sollte, der kann ja annehmen, daß jene Menschengruppe nur eine jährliche Zunahme von 0,5 % besitzt. Dann würden eben etwa dreißig Jahre nötig sein, um die Höhe von 543 Mill. zu erreichen, und der Zeitpunkt, wo Gesamterzeugung und Gesamtverbrauch sich die Wage halten, wird erst um das Jahr 2022 n. Chr. eintreten.

Selbstredend lege ich darauf keinen Wert, ob die Jahreszahl, wo bei der heutigen Anbaufläche und bei dem heutigen Kopfverbrauch der Mittelertrag den Bedarf eben noch deckt, 2012 oder 2022 heißt. Niemand wird sich eben anheischig machen, solche Verhältnisse auf ein bestimmtes Jahr vorausberechnen oder voraussagen zu wollen. Aber so viel wird jeder Unvoreingenommene wohl zugeben, daß der fragliche Zeitpunkt in den nächsten Decennien, seien dies nun zwanzig, dreißig oder fünfzig Jahre, mit Bestimmtheit eintreten wird, es müßte denn geschehen, daß unterdeß die Anbauflächen vermehrt, die Kultur wesentlich verbessert und dadurch die Erträge entsprechend erhöht oder der Kopfbedarf verringert werden.

Die Vermehrung der Anbauflächen ist aber ein Ereignis, welches für die nächste Zukunft mit Bestimmtheit erwartet werden darf. Für Europa zwar ist dies eine zweifelhafte, aber doch nicht unmögliche Sache. In Amerika dagegen geht sie ihren Weg. Sowohl in Nordamerika als auch in Südamerika, namentlich im außertropischen Teile, sind noch ausgedehnte Flächen vorhanden, welche ohne besondere Schwierigkeit für den Getreidebau nutzbar gemacht werden können. In den Vereinigten Staaten scheint zwar die Westgrenze lohnender Weizenkultur erreicht zu sein, aber für den Mais stehen noch große Räume zur Verfügung. Dazu kommt, daß durch intensivere Landwirtschaft die Durchschnittserträge noch wesentlich erhöht werden können. Die Vereinigten Staaten sind beinahe so groß wie der Erdteil Europa, und sie haben ohne Zweifel mindestens ebensoviel kulturfähigen Boden, wie dieser. Während aber zur Zeit in unserem Erdteile 153 %/₀₀ des Gesamtareals (vergl. S. 52) der Gewinnung von Getreide und Kartoffeln dienen, verwenden die Vereinigten Staaten nur 68 %/₀₀ auf den gleichen Zweck. Ohne Übertreibung wird man daher sagen dürfen, daß die Union das Doppelte ihres gegenwärtigen Ertrages hervorzubringen vermag.

Zu gewissen Hoffnungen berechtigt ferner Canada, wenn auch nicht zu so großen, wie sie durch die Vereinigten Staaten teilweise schon erfüllt sind. Ein bedeutender Teil des Dominion wird ja wegen seiner nördlichen Lage für immer dem Getreidebau mehr und minder verschlossen bleiben und, wenn es gut geht, werden sich unter entsprechenden Breiten ähnliche Verhältnisse entwickeln, wie sie in Nordeuropa in vollendetem Zustande vorliegen. Aber ein recht ansehnlicher Teil der Dominion liegt innerhalb der Getreidesphäre. Rechnet man diese durchschnittlich vom 49. bis 54. Parallel aus, so giebt das immerhin eine Fläche von 2 Mill. qkm, die wohl zur Hälfte zum Anbau von Nährfrüchten sich eignet. Zur Zeit aber macht die gesamte Kulturfläche nach meinen Berechnungen nur rund 23 000 qkm aus.

Zu ähnlichen Ergebnissen wird man gelangen, wenn man die übrigen Länder Amerikas durchgeht. Man wird kaum eins finden, das nicht irgendwo günstigen Boden für die so wichtigen Nährfrüchte aufzuweisen hätte. Überhaupt ist Amerika derjenige Erdteil, der wie in andern Beziehungen, so auch im Anbau von Nährfrüchten, vermöge seiner Bodenbeschaffenheit und seines Klima zu den größten Hoffnungen berechtigt, die sich allerdings zum Teil erst verwirklichen können, wenn gewisse Vorbedingungen seitens der Bevölkerung erfüllt sind.

Aber so wenig wie in Amerika, sind auch in den andern auswärtigen Erdteilen die möglichen Grenzen des Getreidebaues erreicht. Nord- und Südafrika, in denen diese Thätigkeit teils seit alter Zeit betrieben wird, teils neuerdings eingeführt ist, können entschieden mehr leisten, als bisher geschieht — ich denke z. B. an Marokko und Algerien —, und auch innerhalb des tropischen Gürtels dürften sich Gebiete finden, welche die Kultur wenigstens von Weizen lohnen. Daß Mais, Cassave und andere Nährfrüchte vorzüglich gedeihen, ist eine unbestreitbare Thatsache. Vorderasien, insbesondere Kleinasien, war einst wegen seines Getreidereichtums berühmt. Wenn es jetzt wenig mehr als den eigenen Bedarf liefert, so liegt das weder am Boden noch am Klima, sondern an der Bevölkerung oder an dem Regierungssystem, dessen Raubpolitik jedes wirtschaftliche Aufstreben niederhält. In Sibirien dürften die Verhältnisse ähnlich wie in Canada liegen. Auch hier wird der größere Teil des Landes wegen seiner hohen Breiten für Getreidebau niemals in Frage kommen, aber die Zone zwischen dem 50. und 60. Parallel, welche fast gleichmäßig durch Sibirien und das Amurgebiet hindurchgeht und welche mindestens 6 Mill. qkm ausmacht, kann weit mehr leisten als gegenwärtig, wo etwa 20 000 qkm unter Kultur stehen.

Weniger günstig sind die Bedingungen, welche Australien dem Körnerbau bietet. Die Erfahrung lehrt, daß derselbe in feuchten Jahren vielfach lohnt, aber ebenso oft fehlschlägt. Indessen bleibt abzuwarten, ob nicht durch Einführung von künstlicher Bewässerung dem durch das Klima hervorgerufenen Feuchtigkeitsmangel abgeholfen werden kann.

Ob in Europa der Anbau von Getreide und Kartoffeln wesentlich erweitert werden könne, wurde oben als zweifelhaft, aber nicht unmöglich bezeichnet. Der Zweifel bezieht sich dabei aber nicht etwa auf den Mangel an Raum, sondern auf die Rentabilität. Und das ist eine Angelegenheit, die ich hier nicht weiter verfolgen will. Aber so viel möchte ich doch sagen, daß die südeuropäischen Länder entschieden mehr Getreide bauen könnten.

Die eben angestellte Rundschau führt ohne Zweifel zu dem Ergebnis, daß der Anbau von Getreide und Ersatzstoffen noch einer großen Erweiterung fähig ist. Diese durch eine Zahlengröße auszudrücken, ist gewiß ein heikles Unternehmen, aber den Versuch darf man doch wagen. Die in der zusammenfassenden Statistik auf Seite 53 aufgeführten Länder machen zusammen ein Areal von 58 Mill. qkm aus, davon entfallen nur 2,72 Mill qkm oder 47 %/₀₀ auf die Kultur von Getreide und Kartoffeln. Denkt man sich, daß diese auf den durchschnittlichen Betrag von Europa, 153 %/₀₀ gehoben werden könnte, so giebt das rund 7,8 Mill. qkm oder reichlich dreimal mehr als der jetzige Anteil ist. Dann wird der Getreidebau auf eine ferne Zukunft hin das Bedürfnis der sich stetig vermehrenden Bevölkerungen bestreiten. Und das wird auch dann noch der Fall sein, wenn man das kulturfähige Areal geringer anschlägt, als eben geschah. Darf man sich also dem beruhigenden Gefühl hingeben, daß in absehbarer Zeit ein Getreidemangel, unter Voraussetzung des erweiterten Anbaues, nicht eintreten wird, so ist ebenso sicher, daß sich eine solche Bewegung nicht ohne entsprechende Anstrengung seitens der beteiligten Menschheit vollziehen kann.